Adrien Lucca

Mondes parallèles

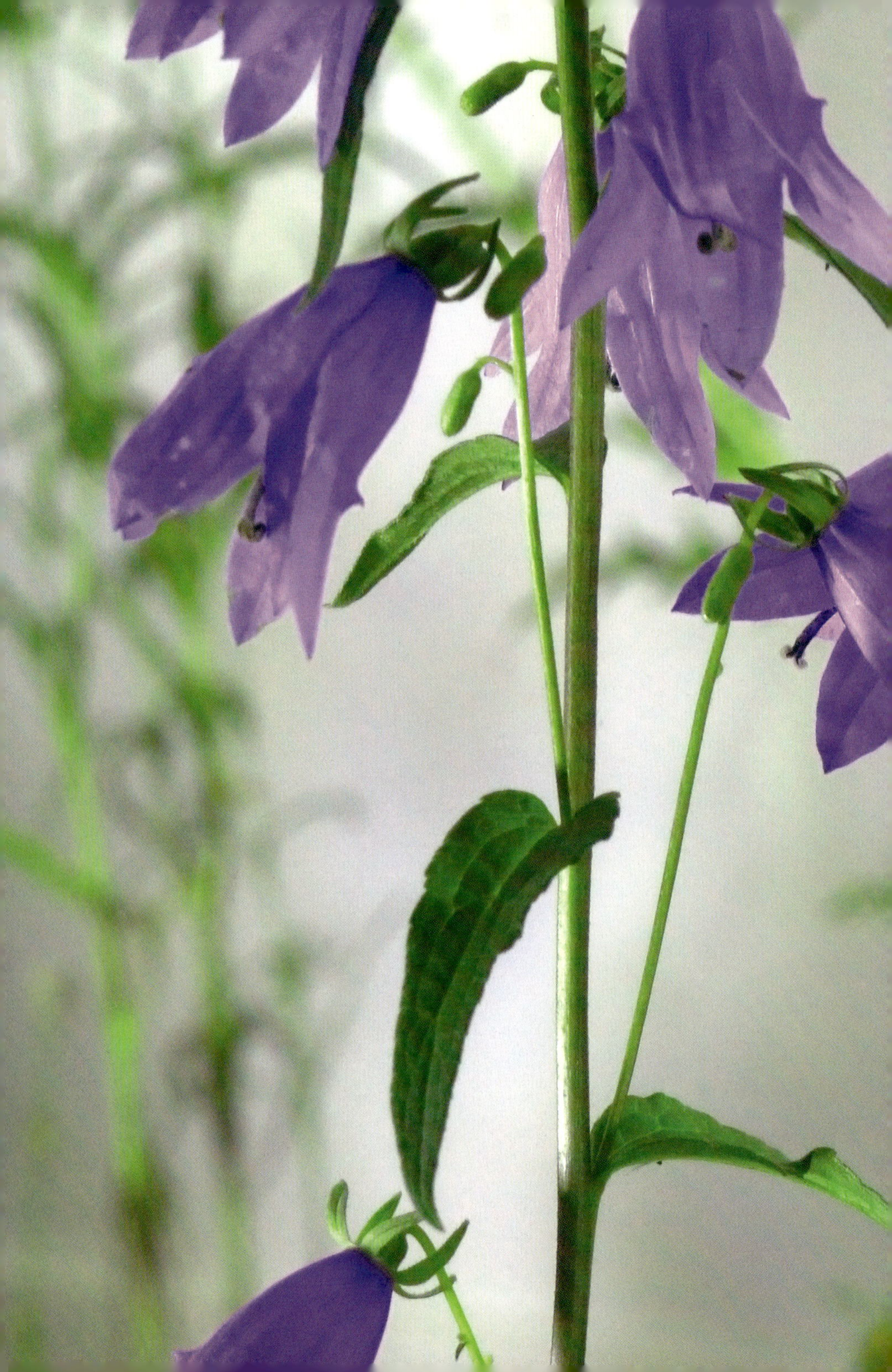

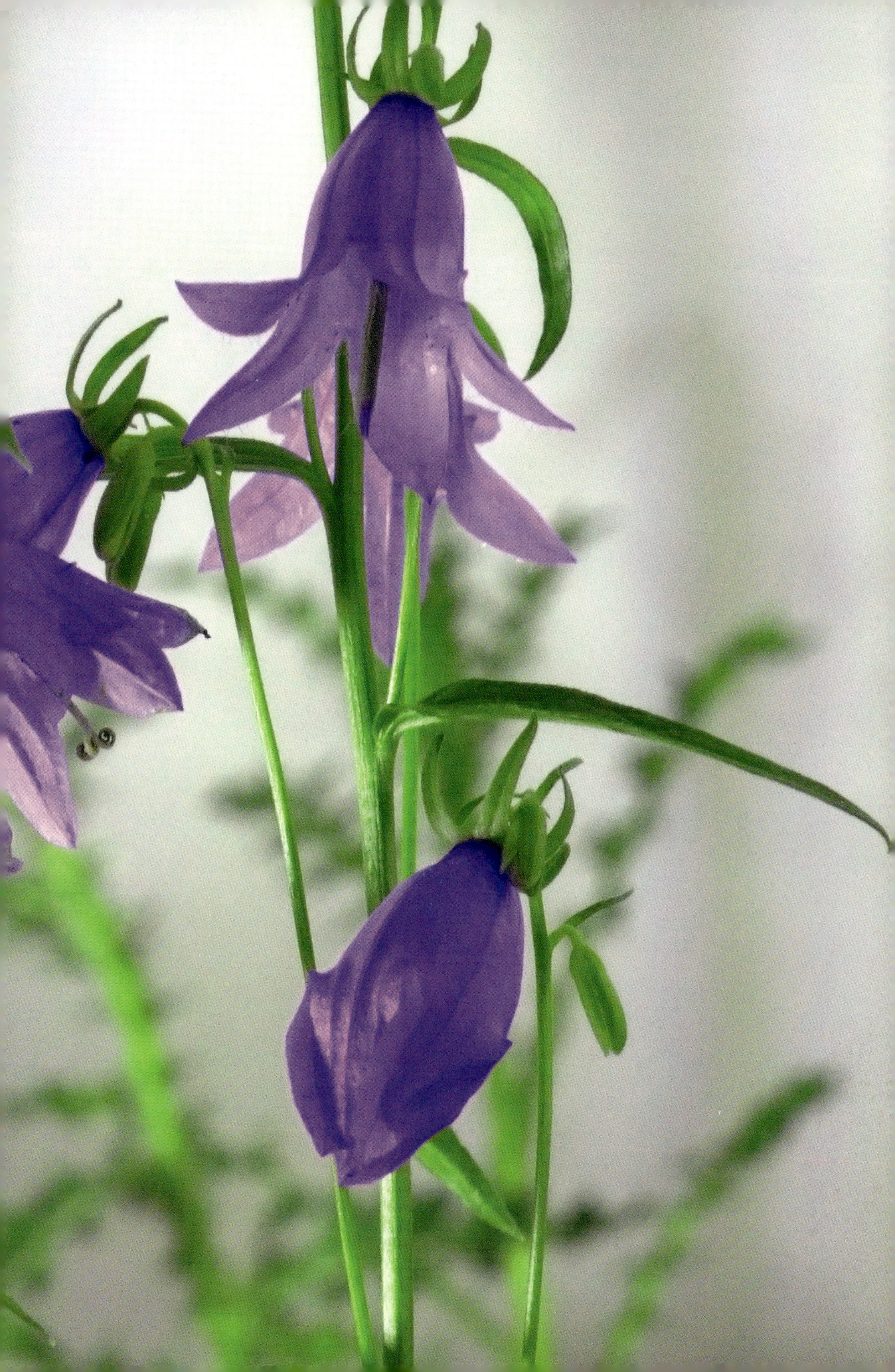

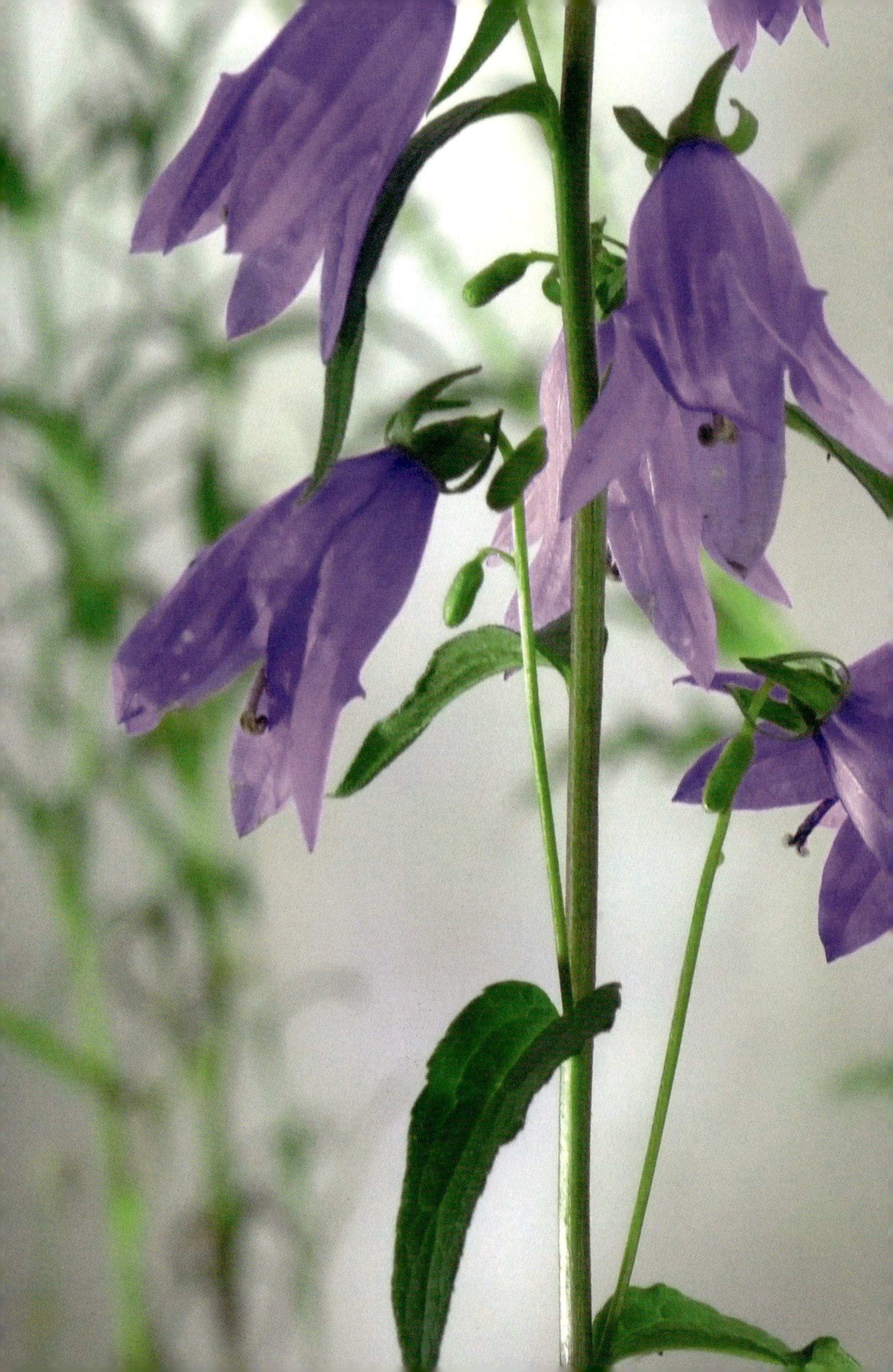

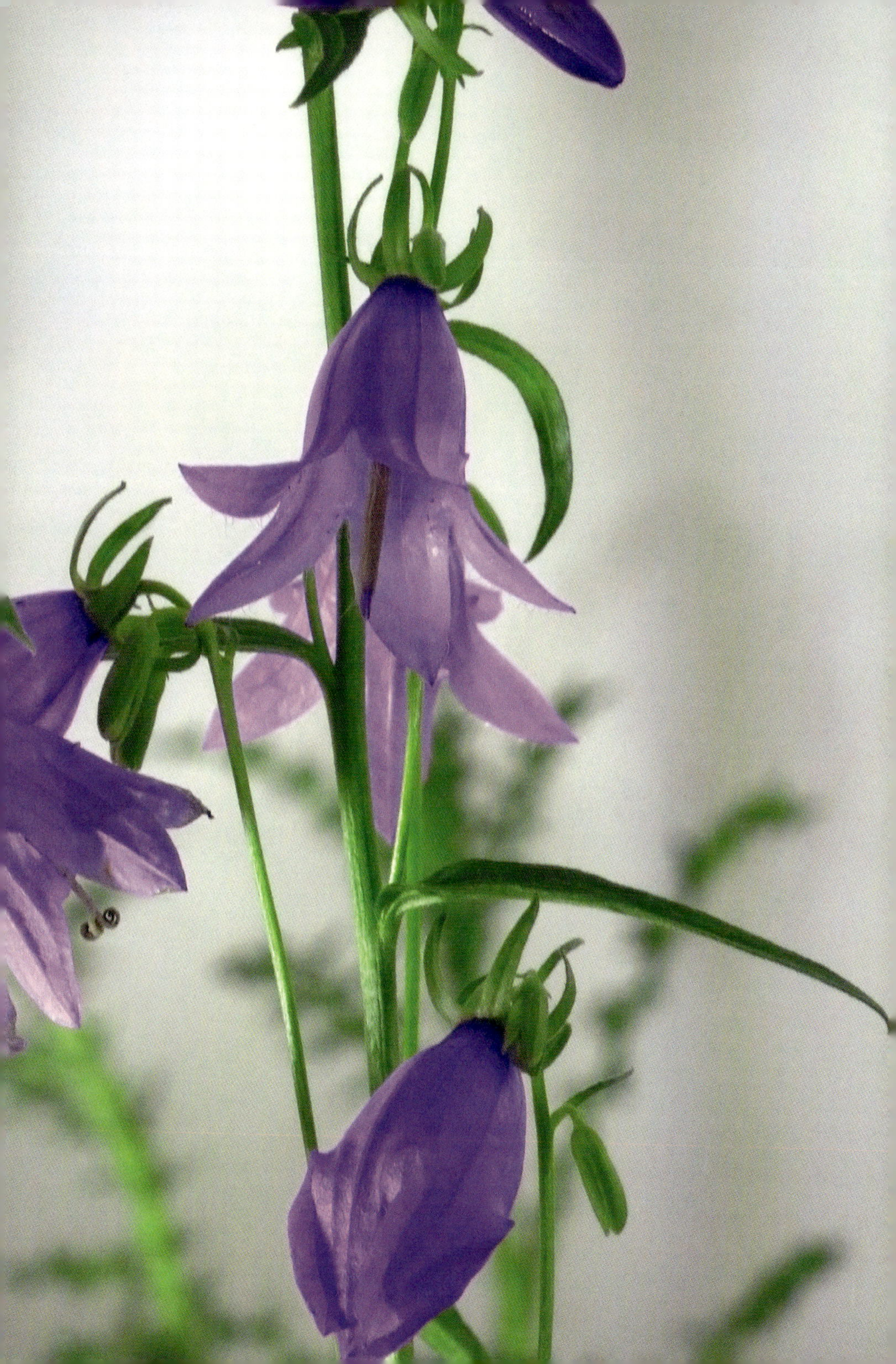

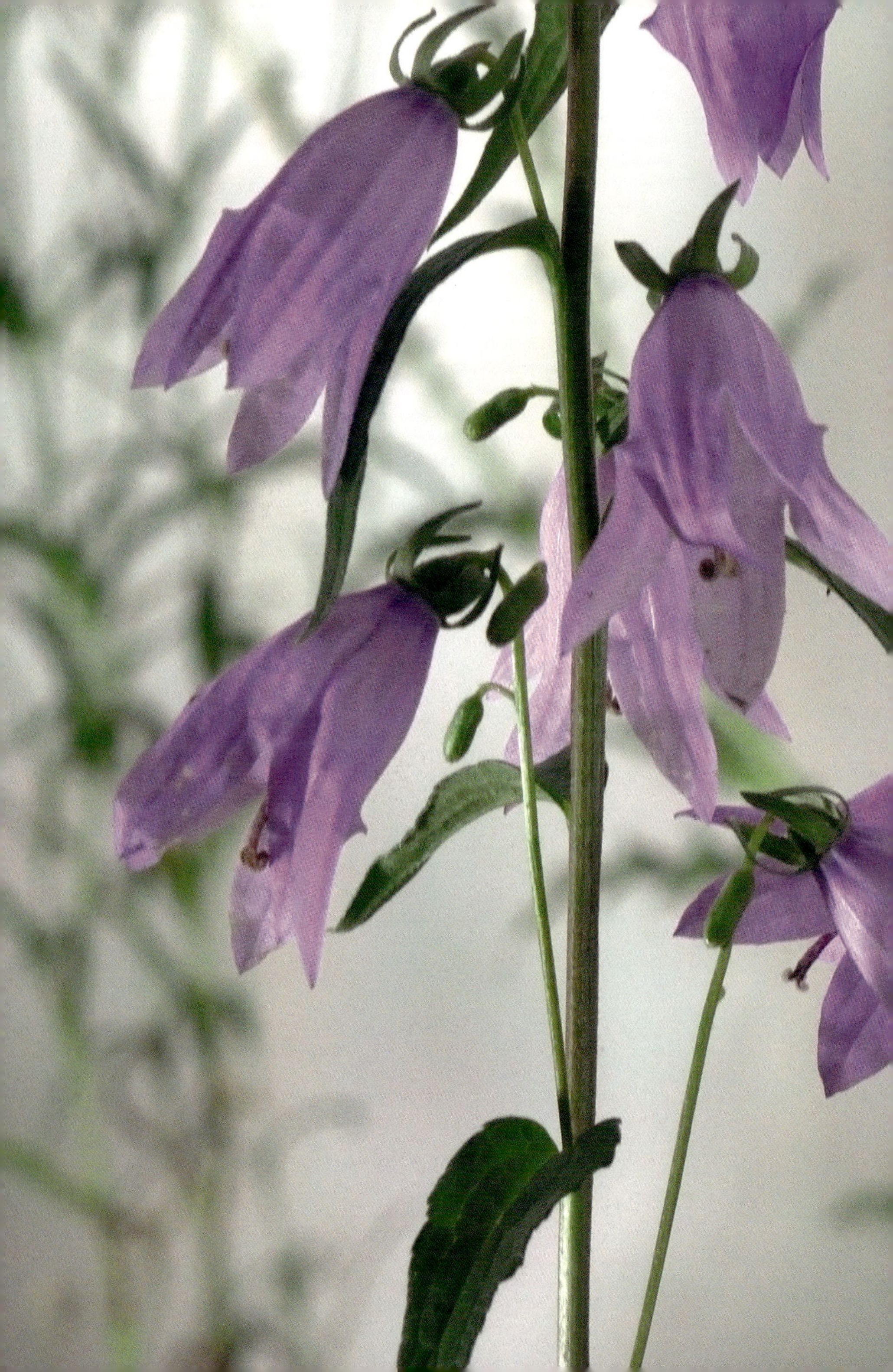

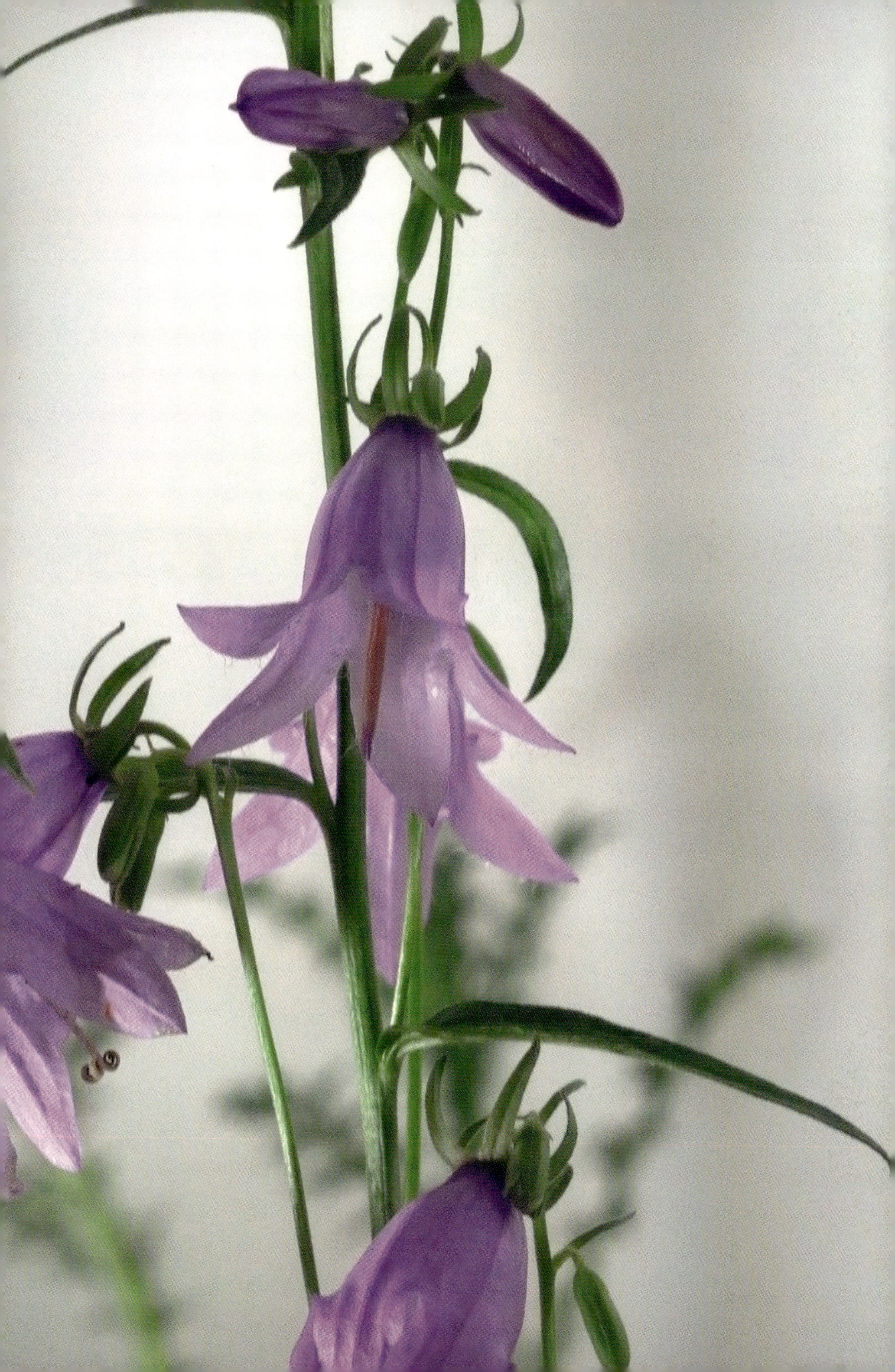

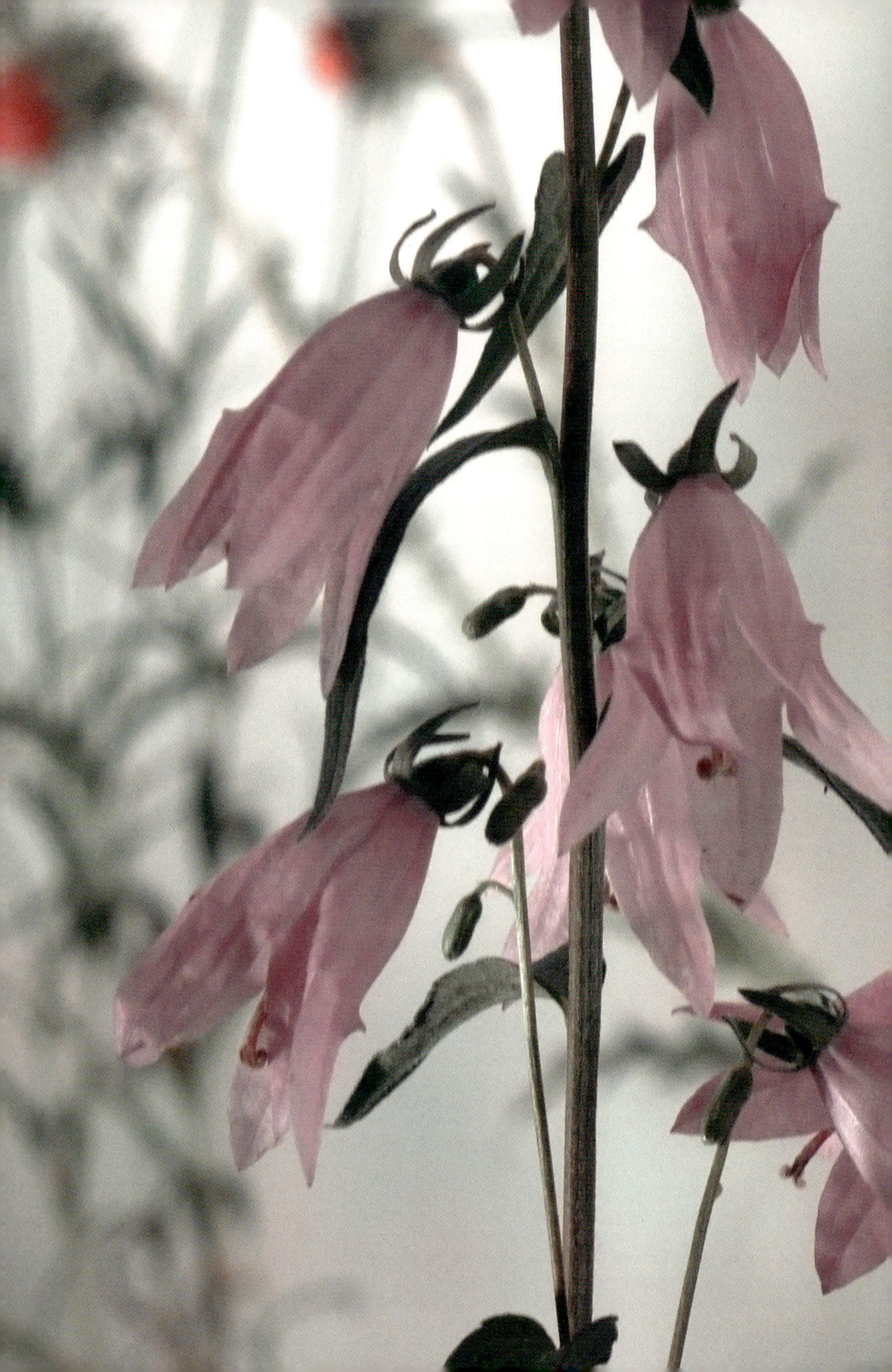

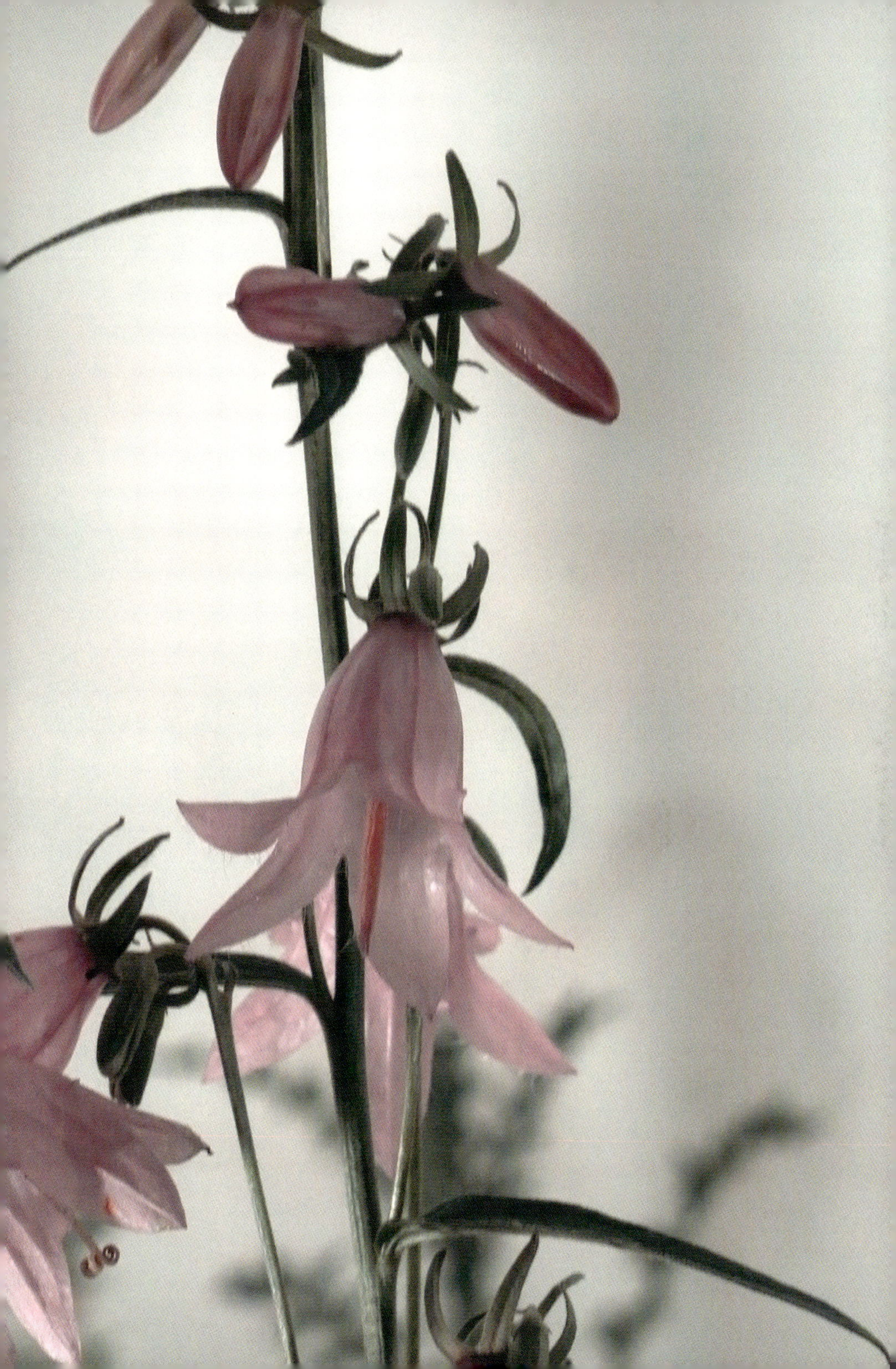

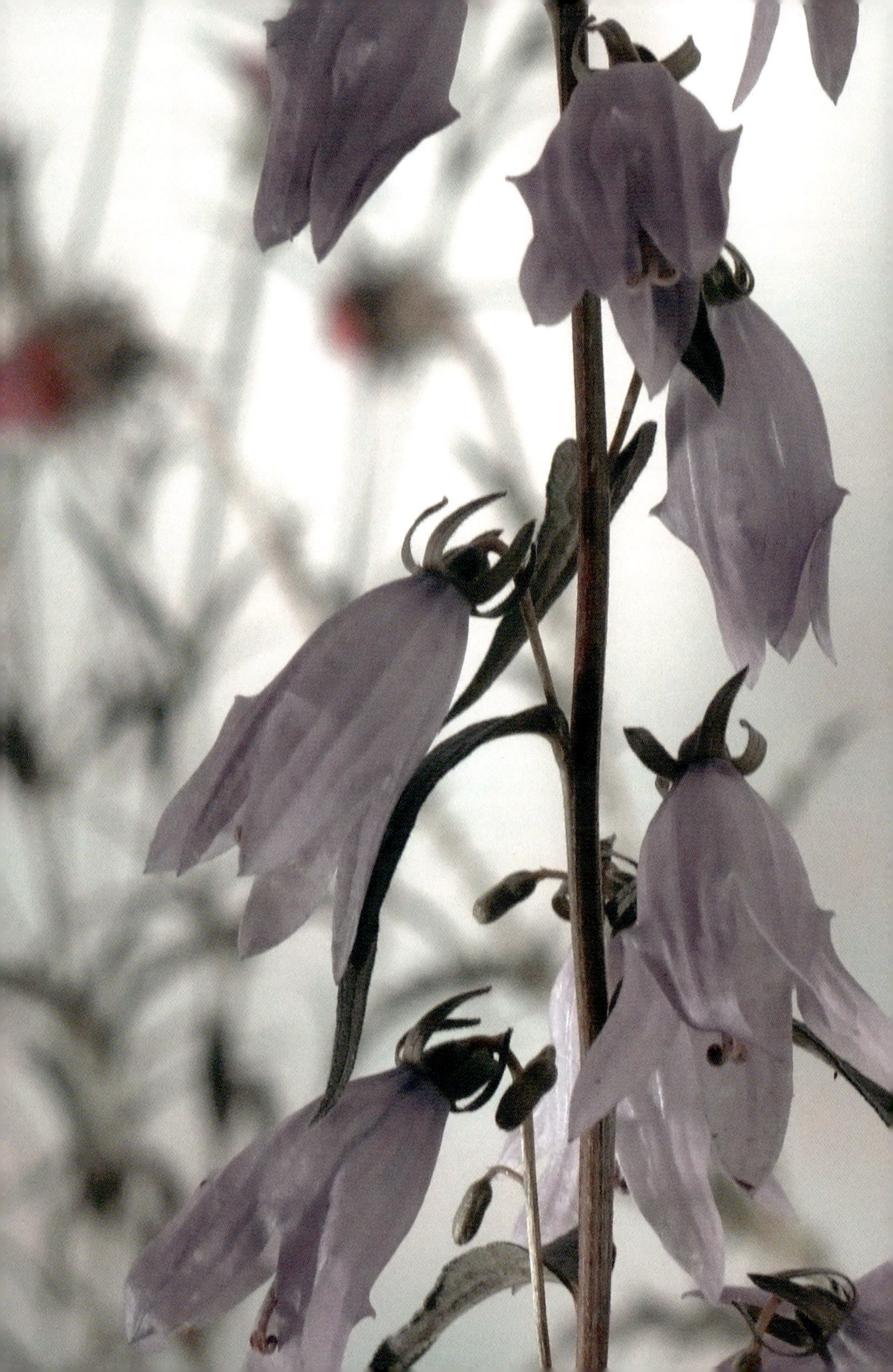

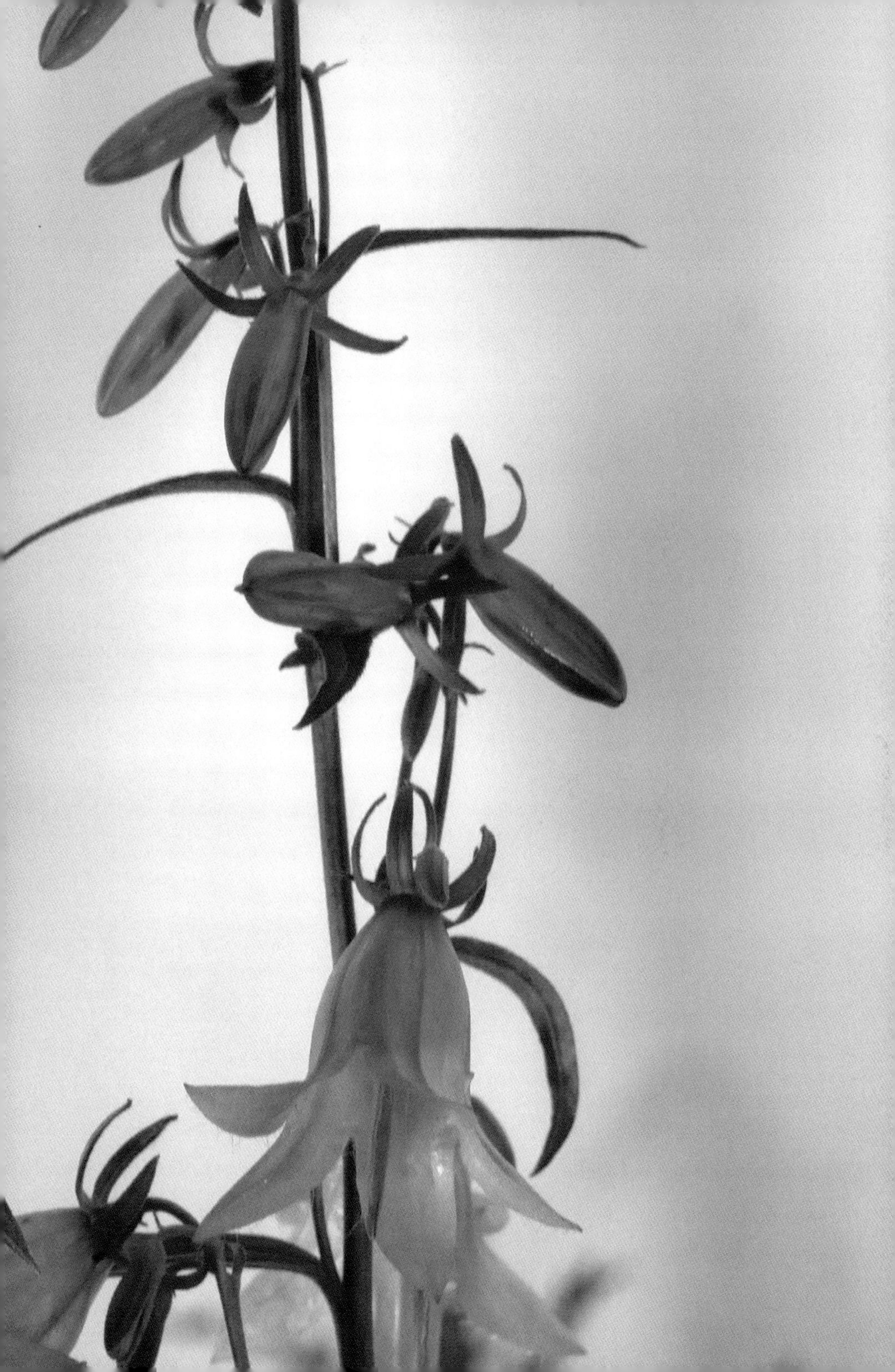

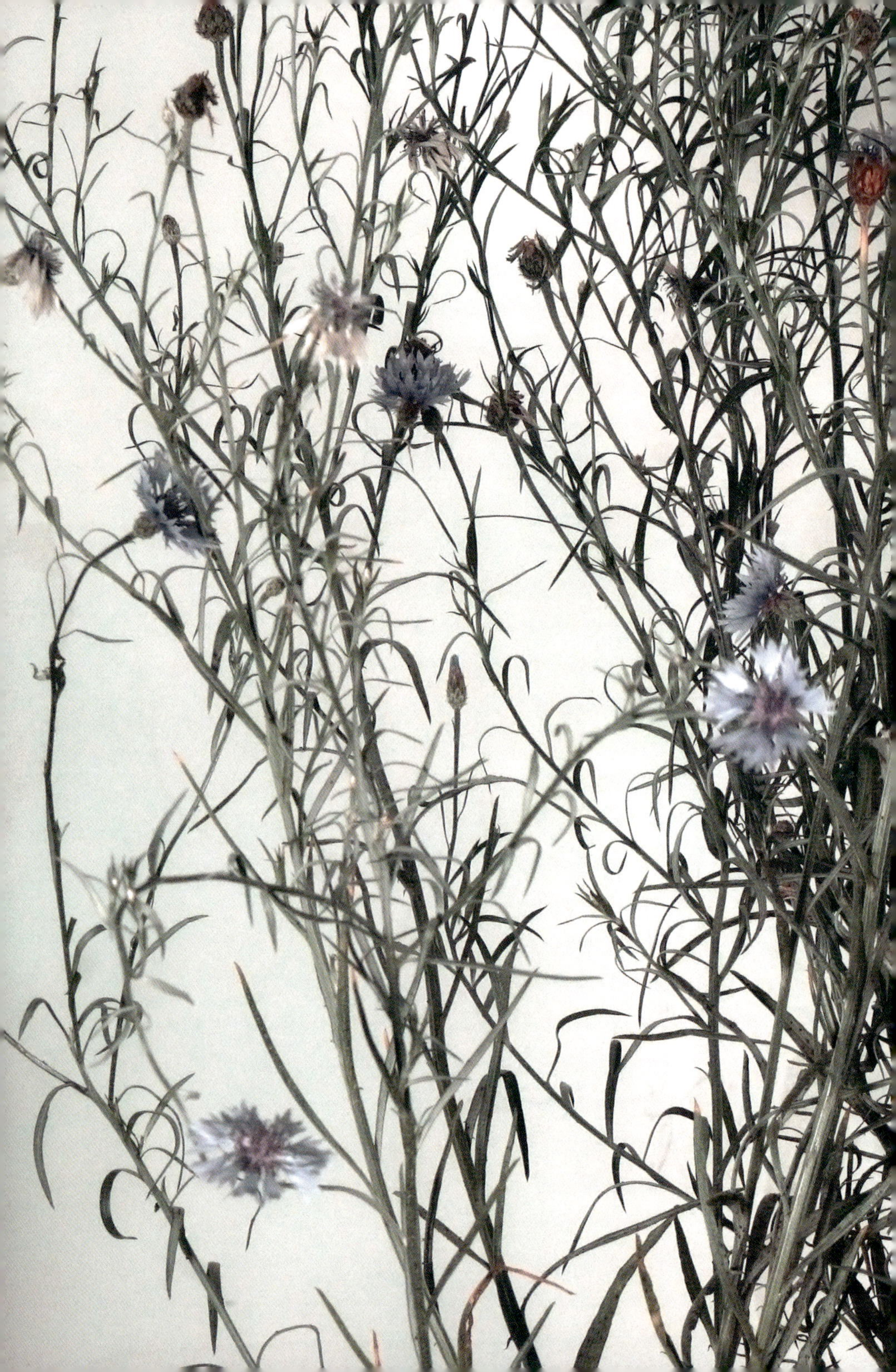

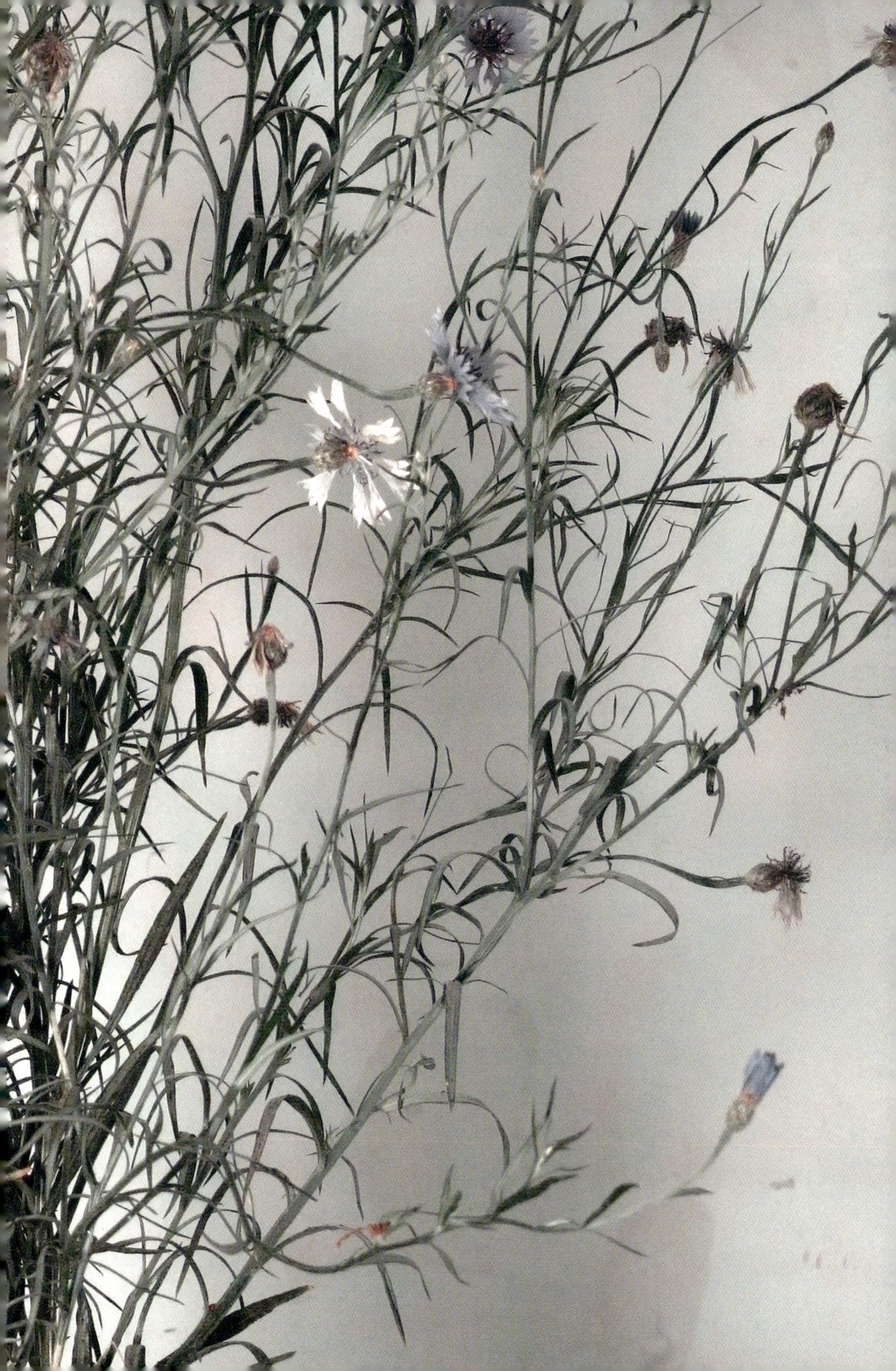

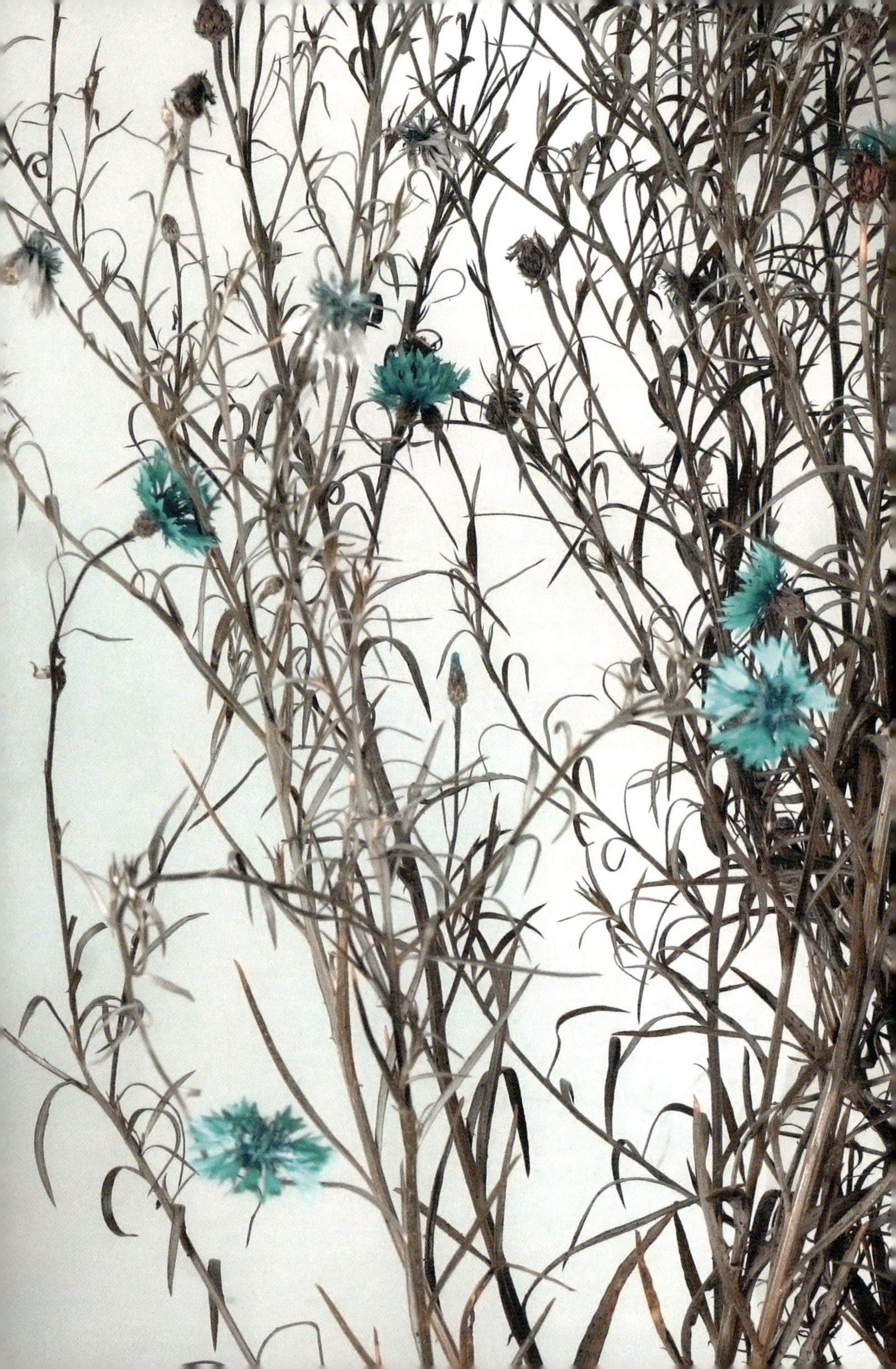

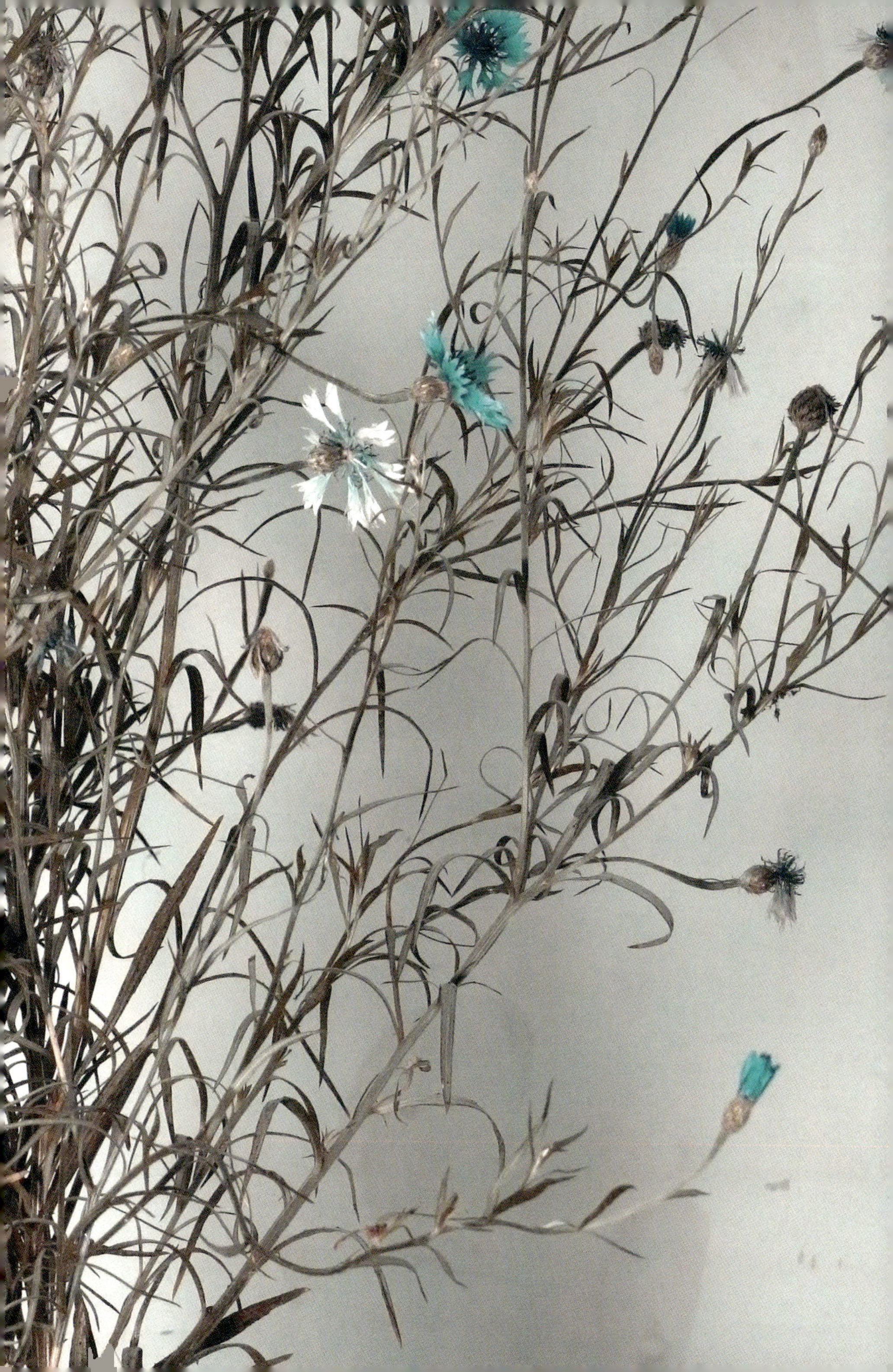

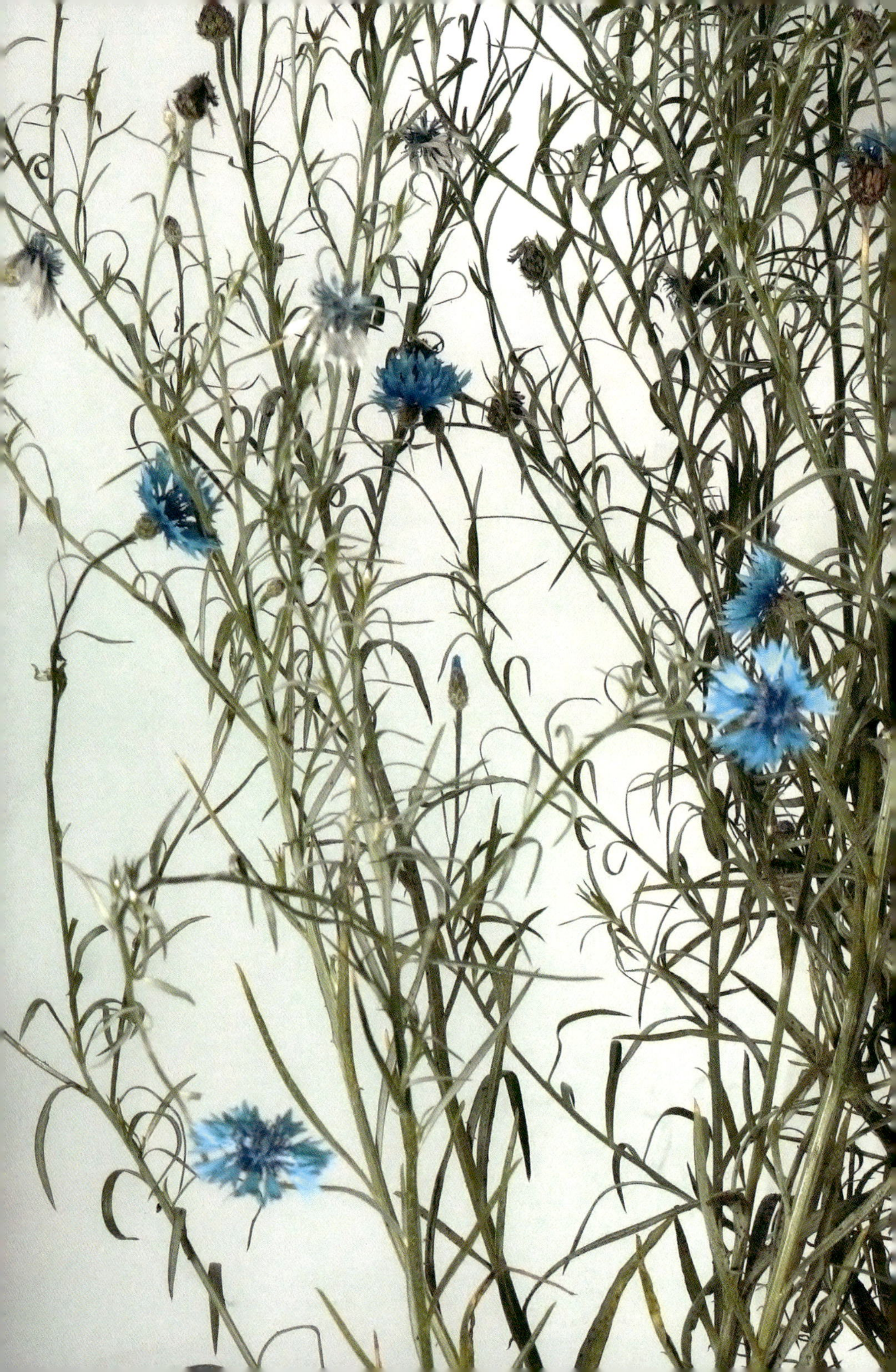

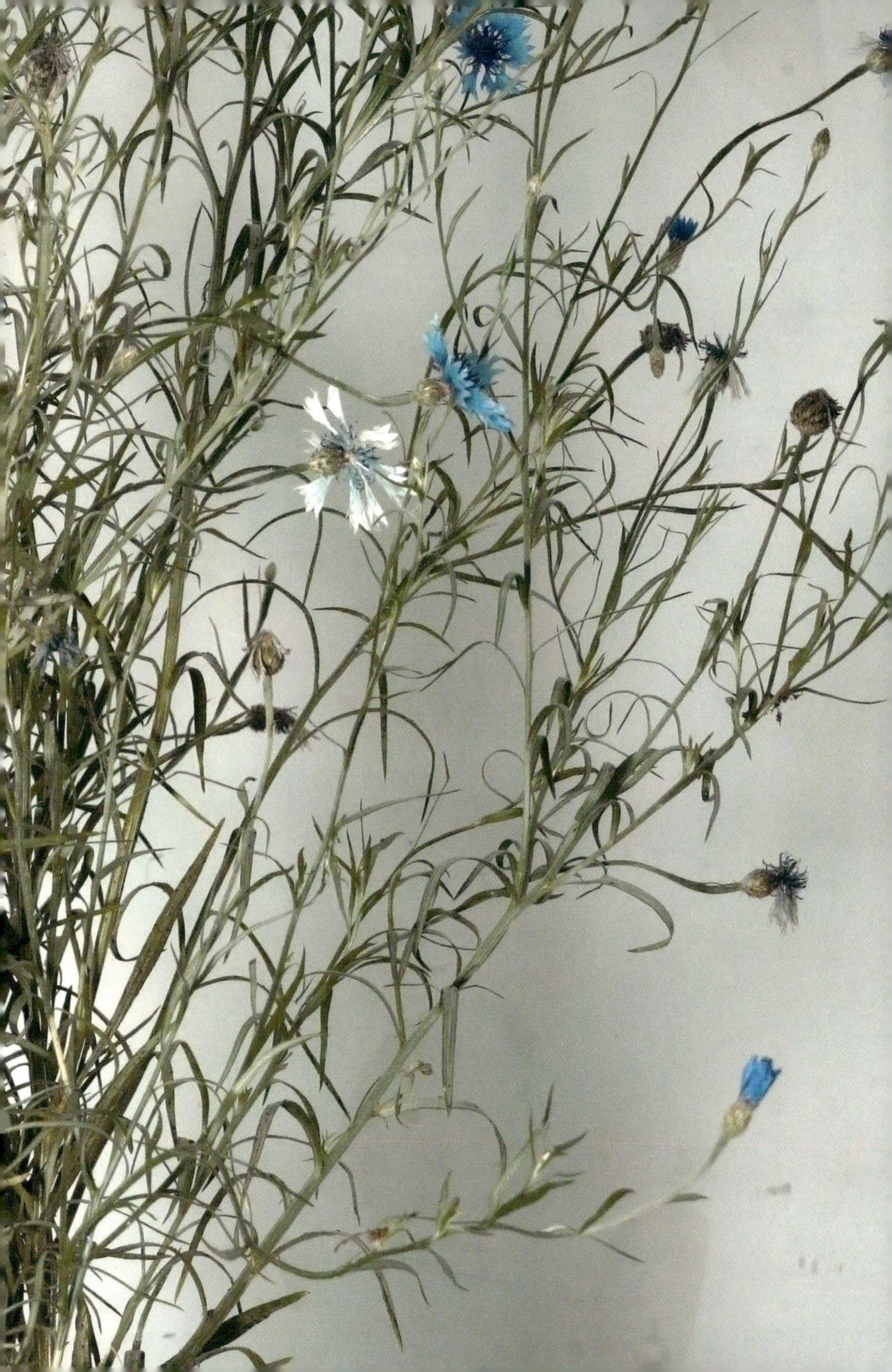

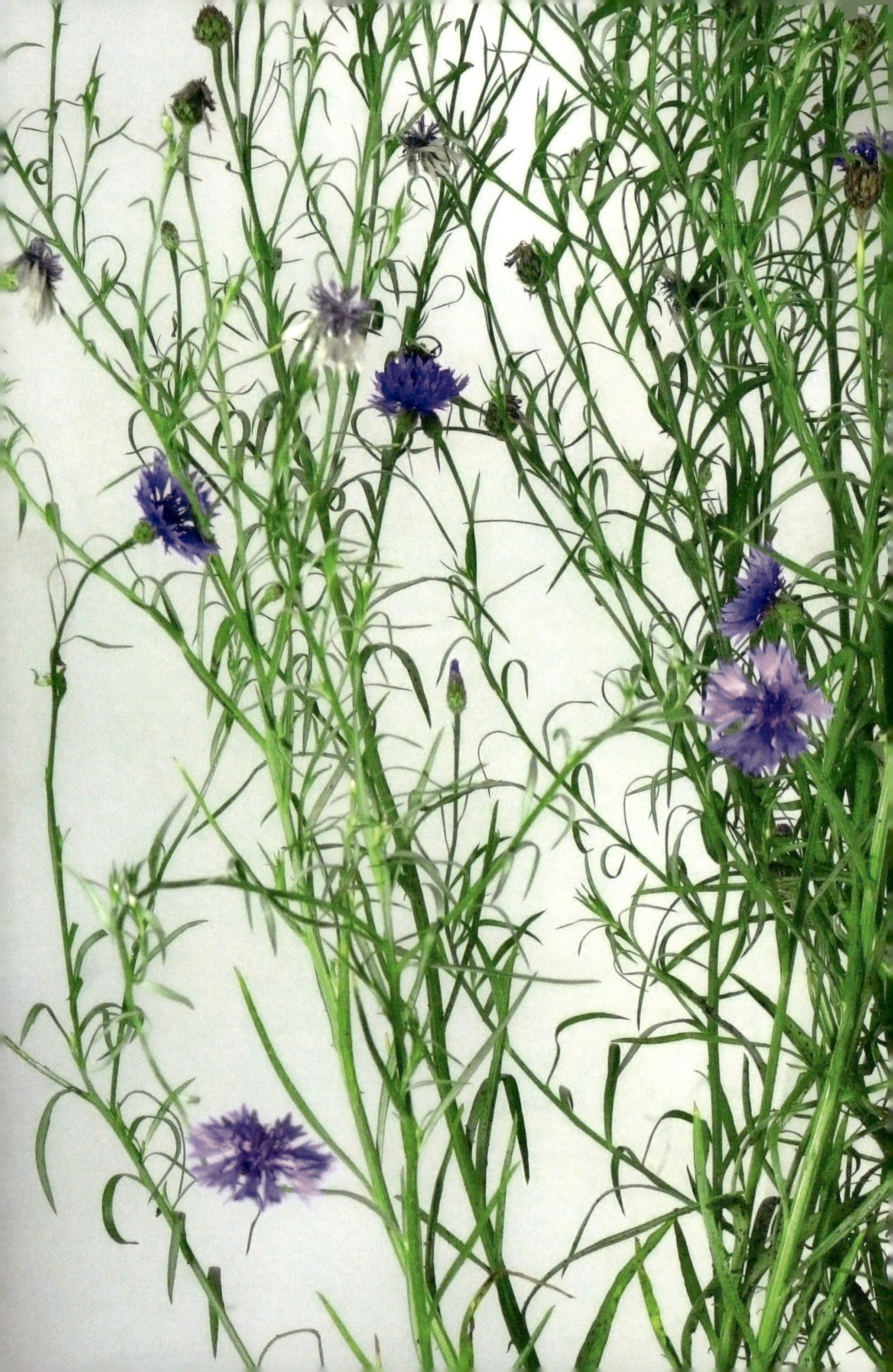

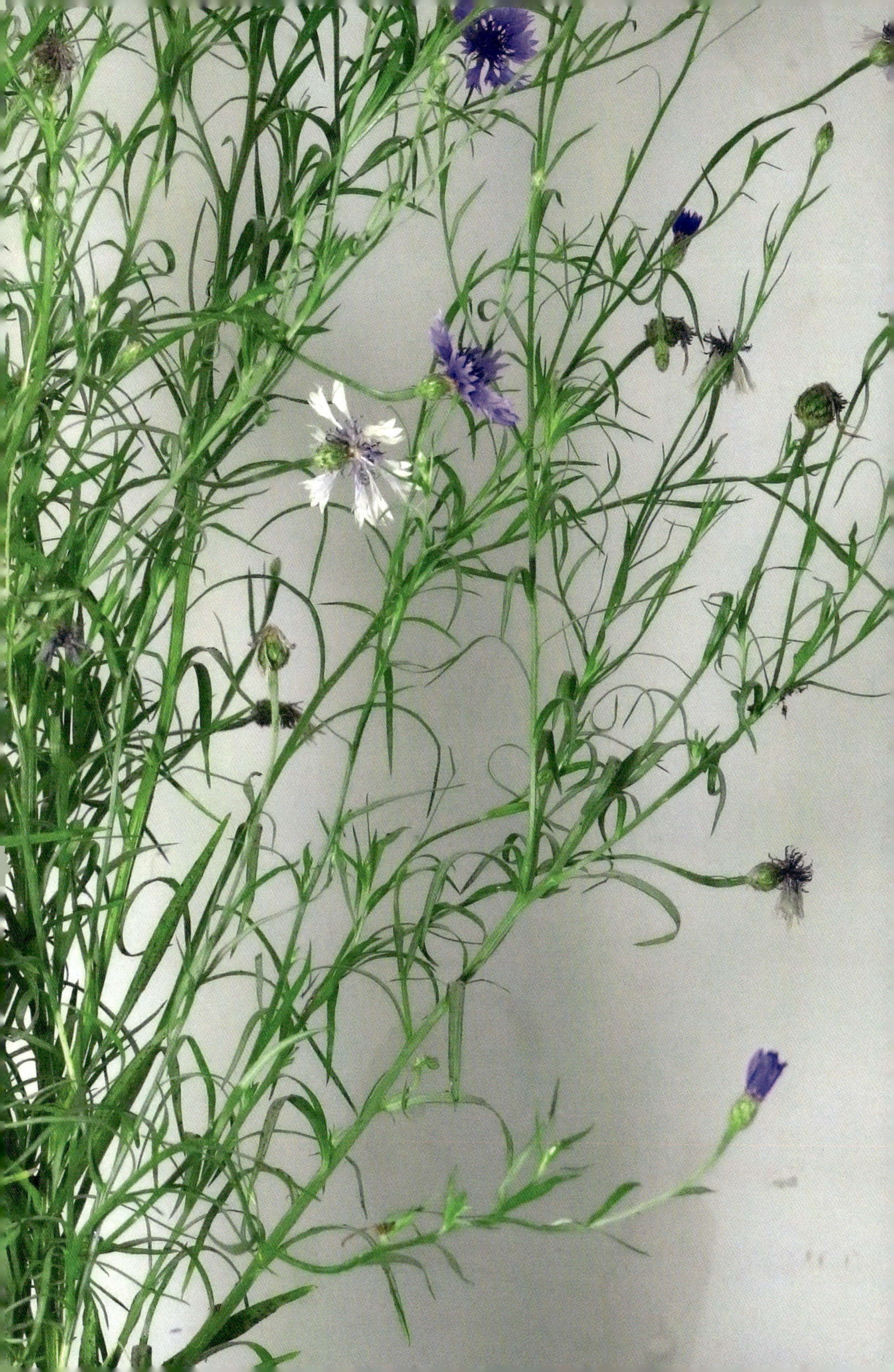

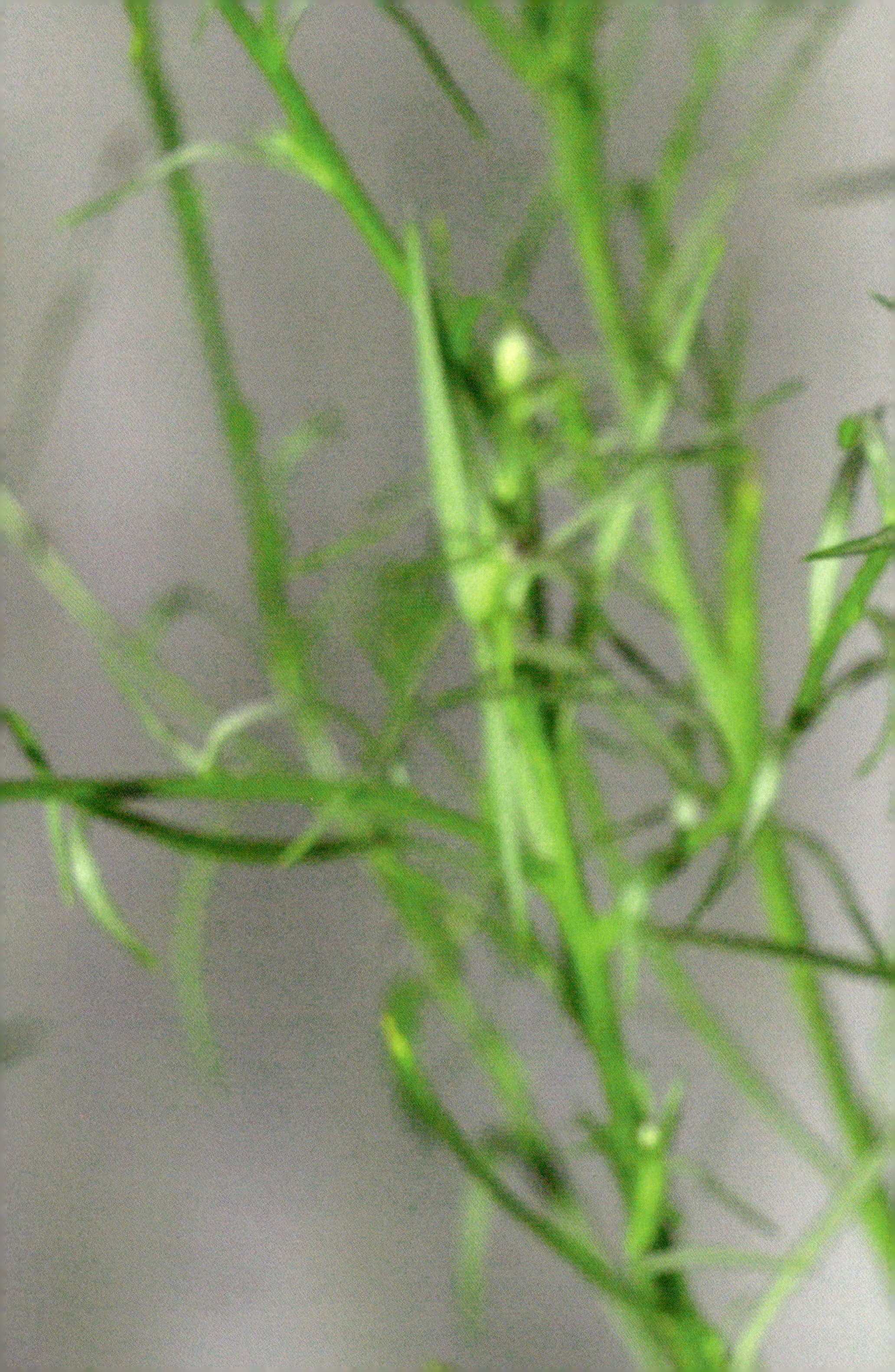

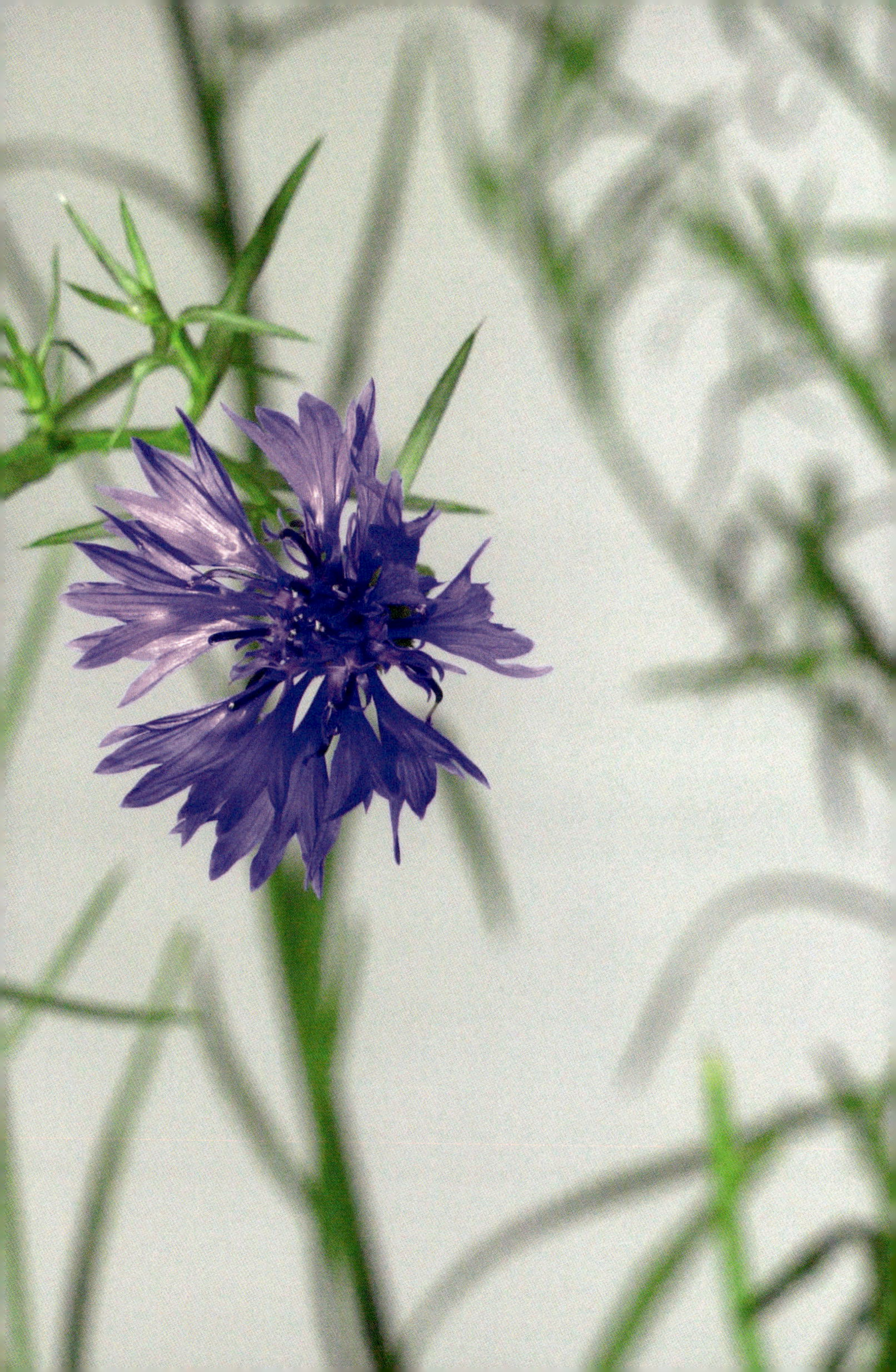

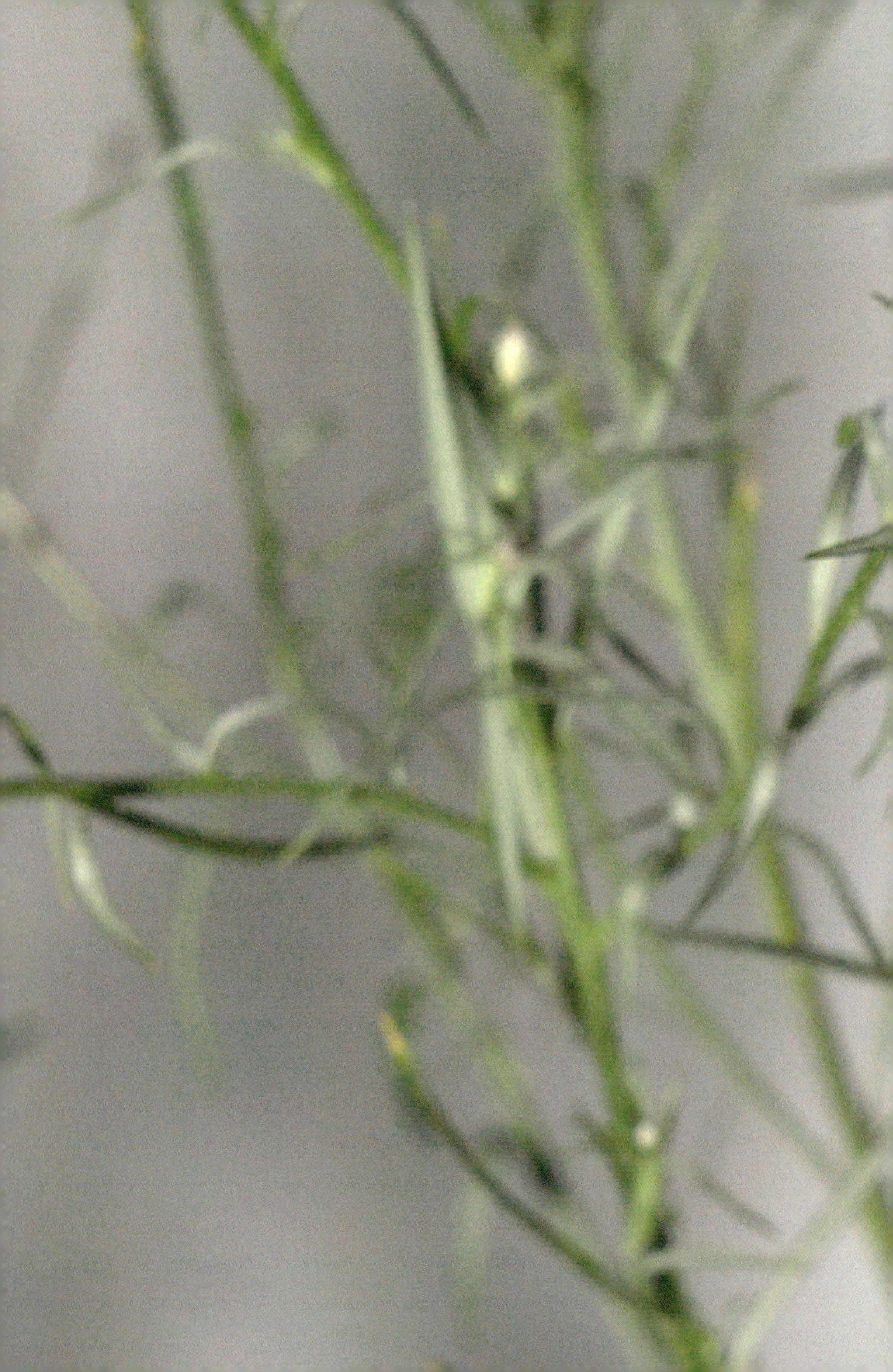

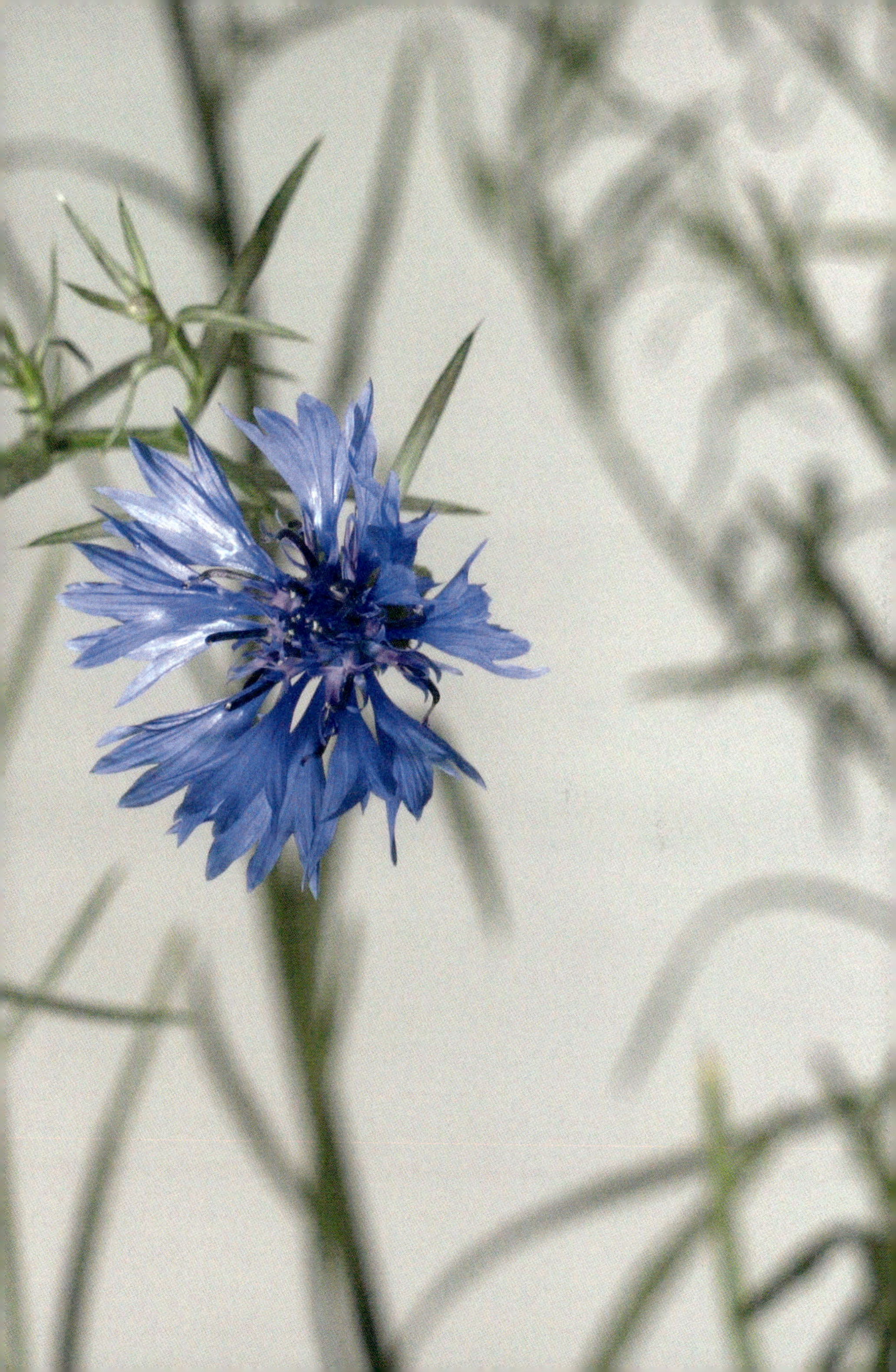

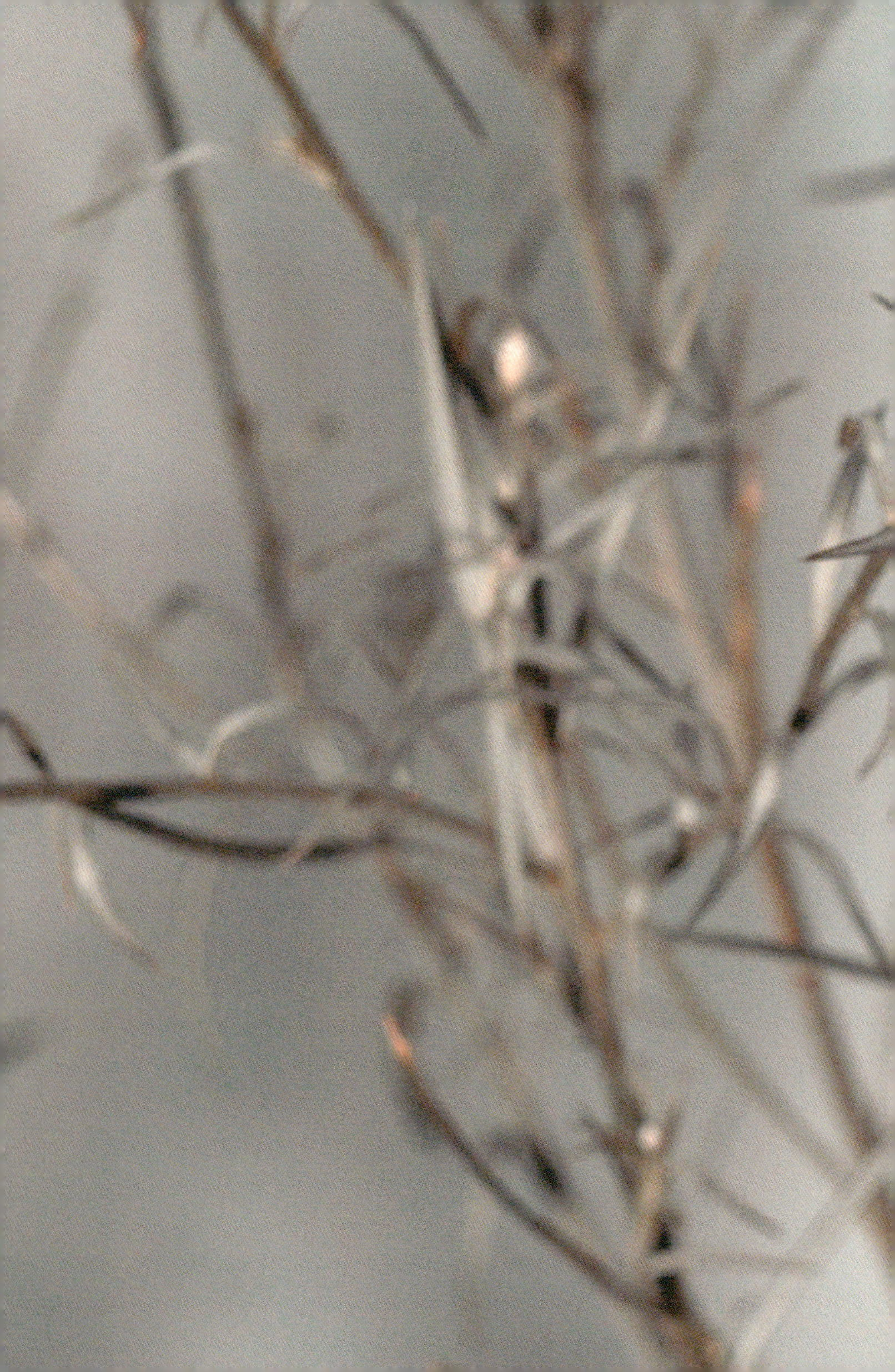

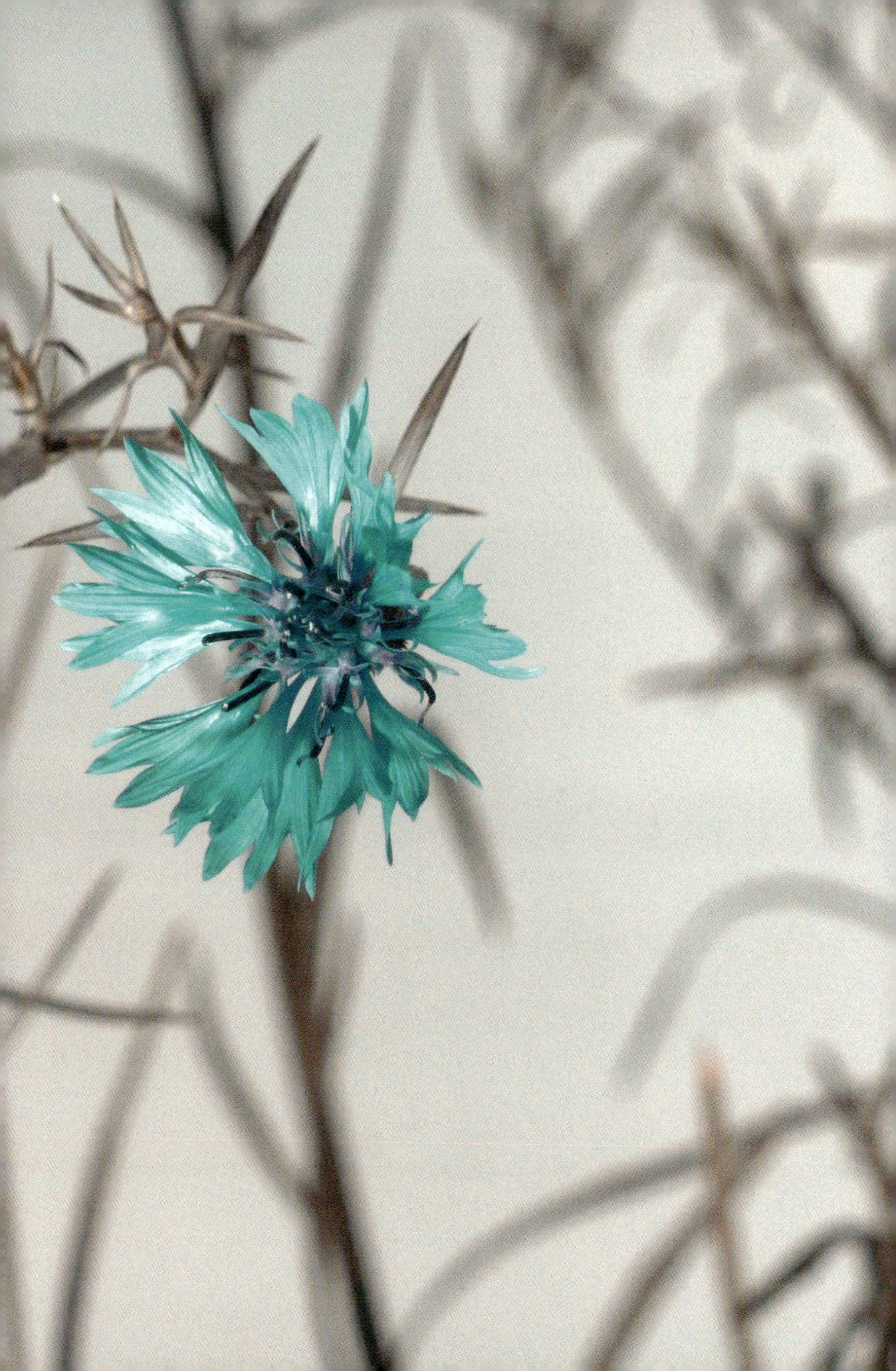

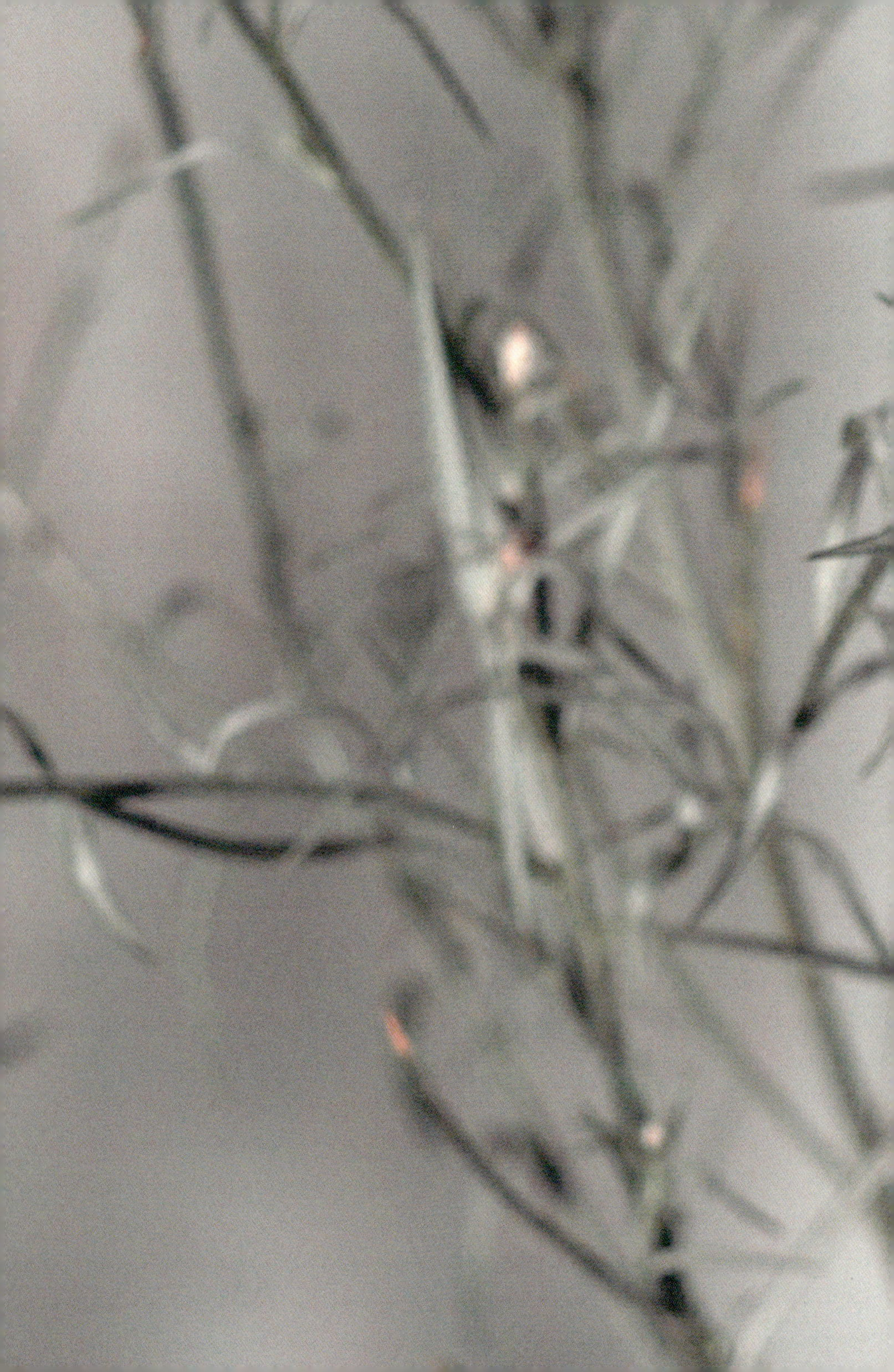

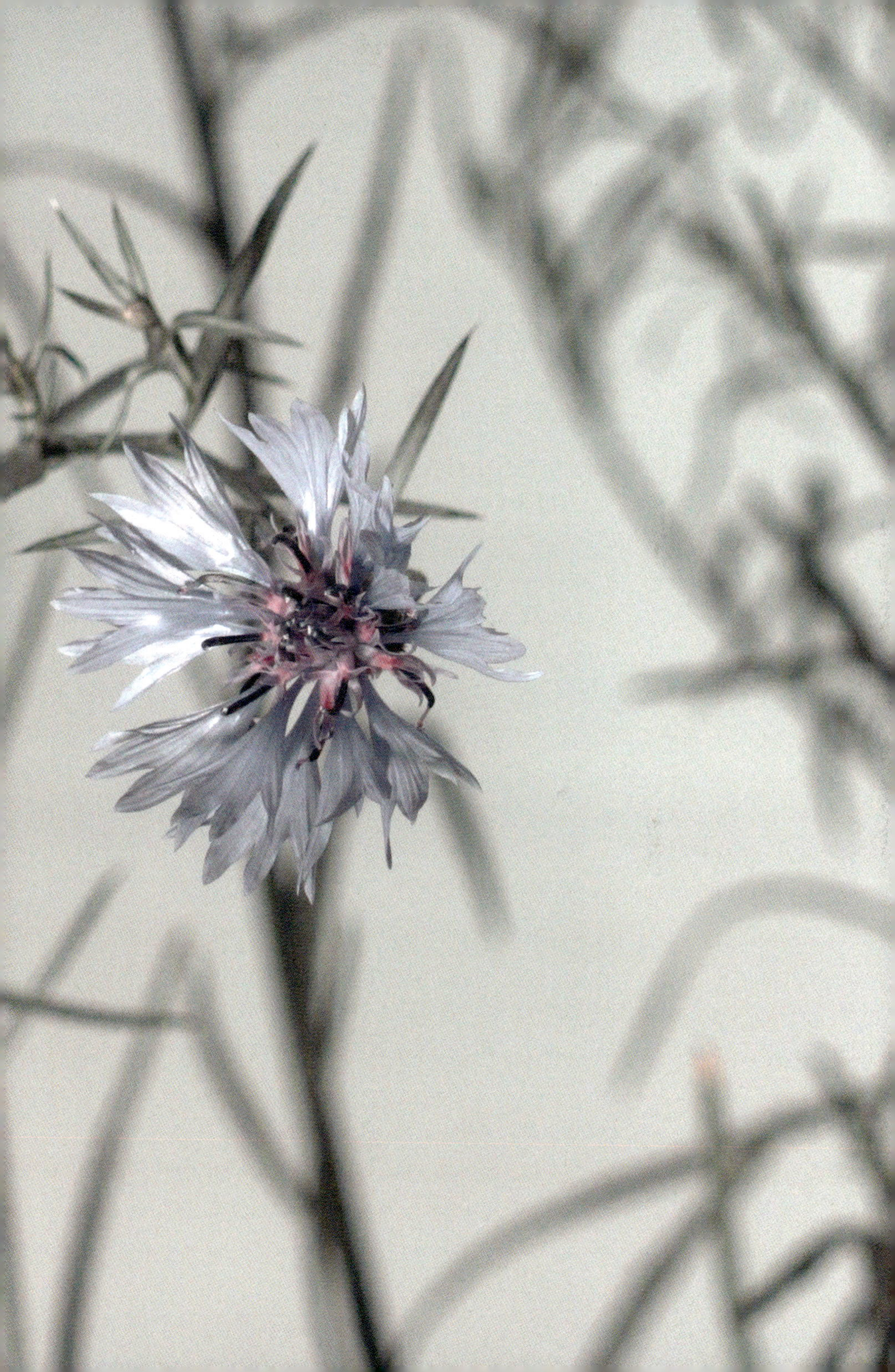

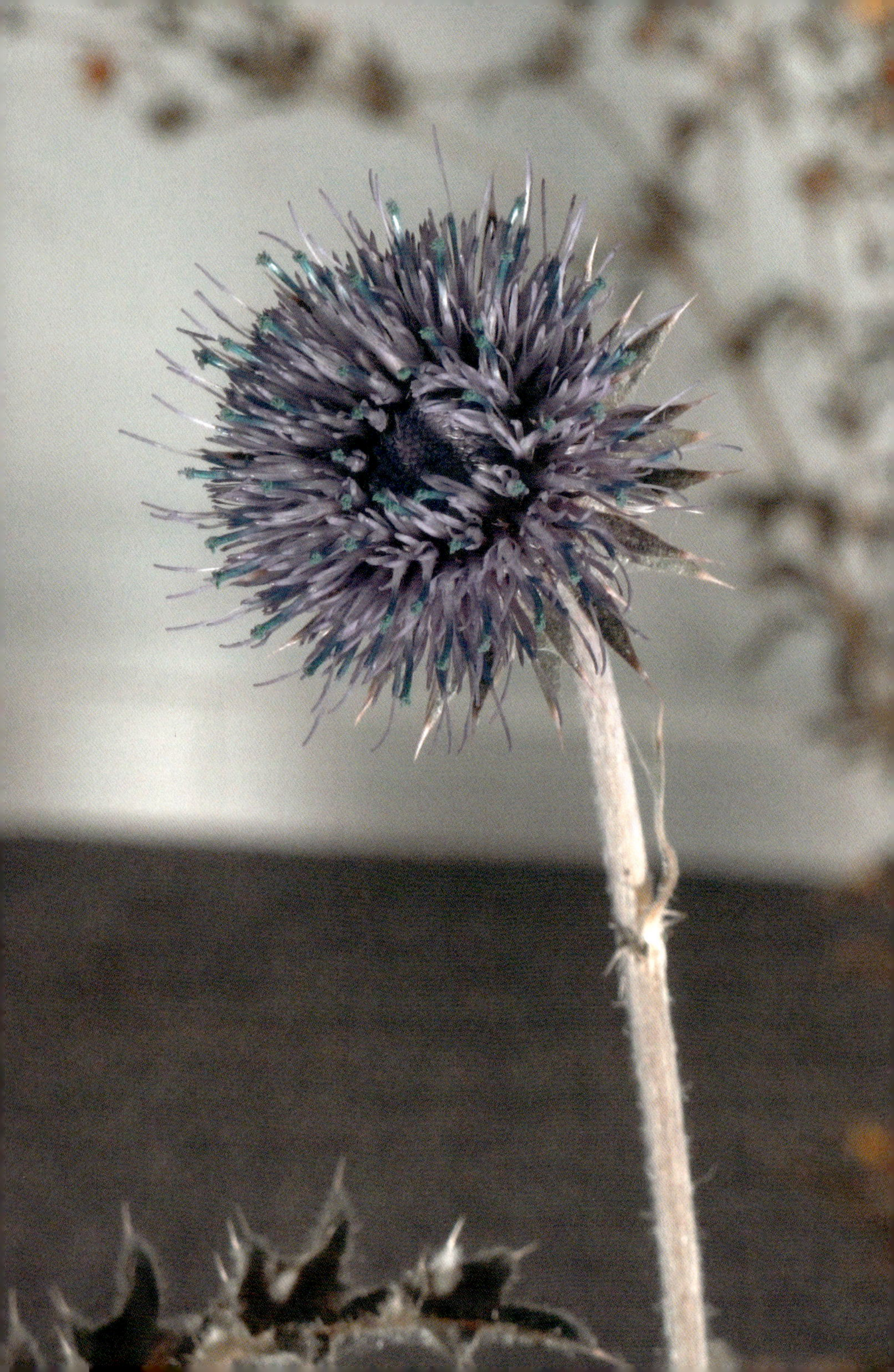

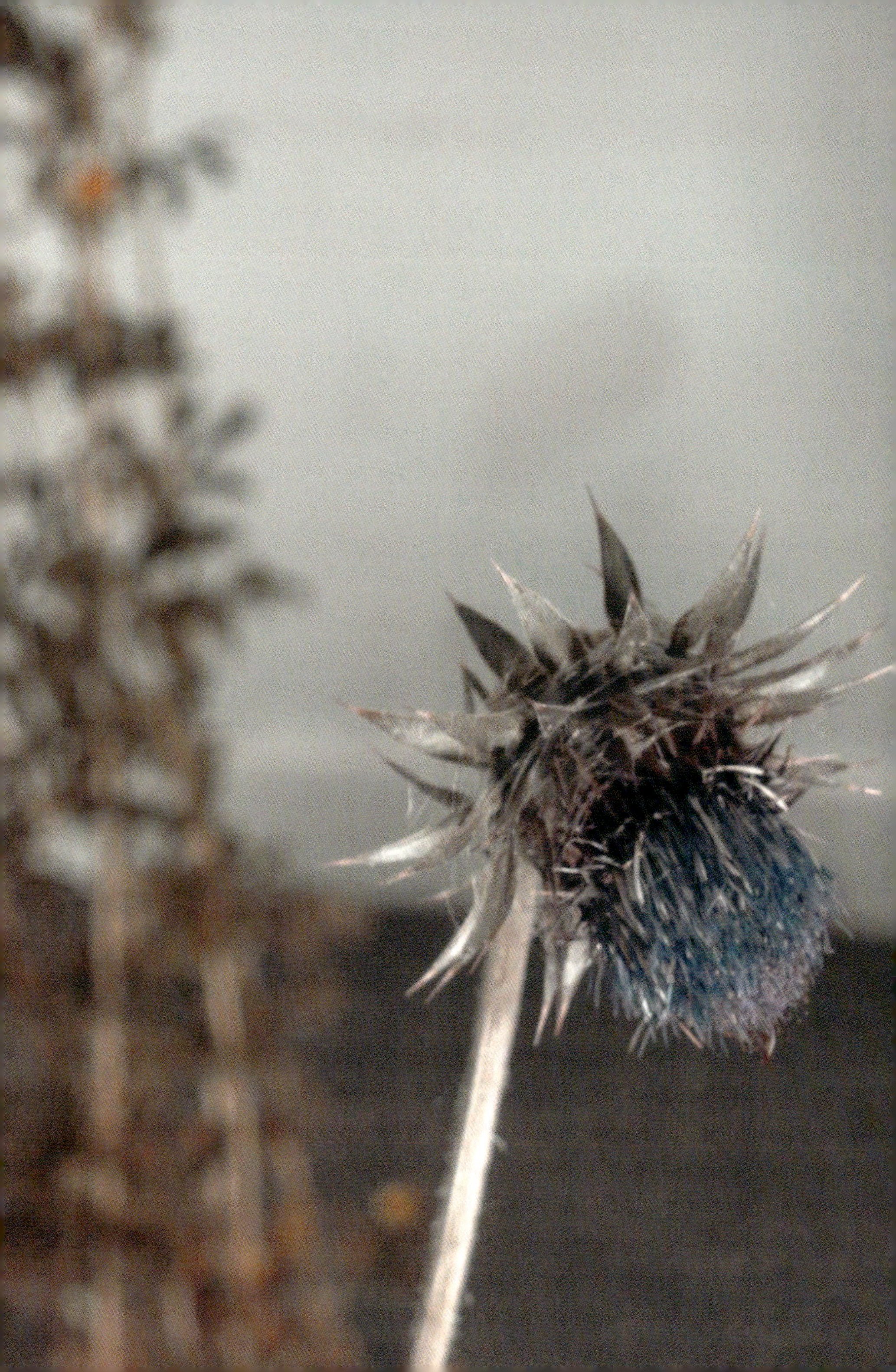

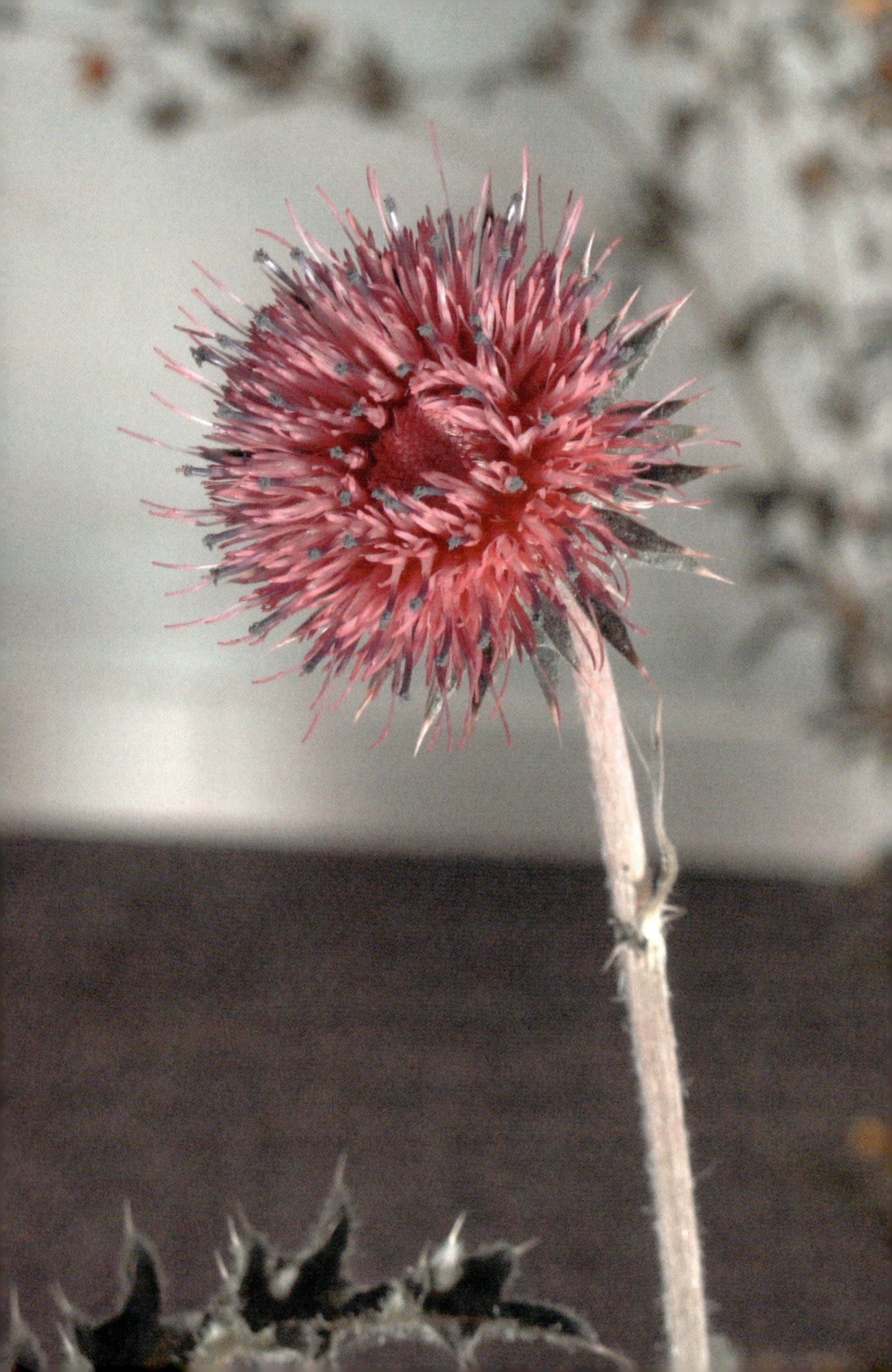

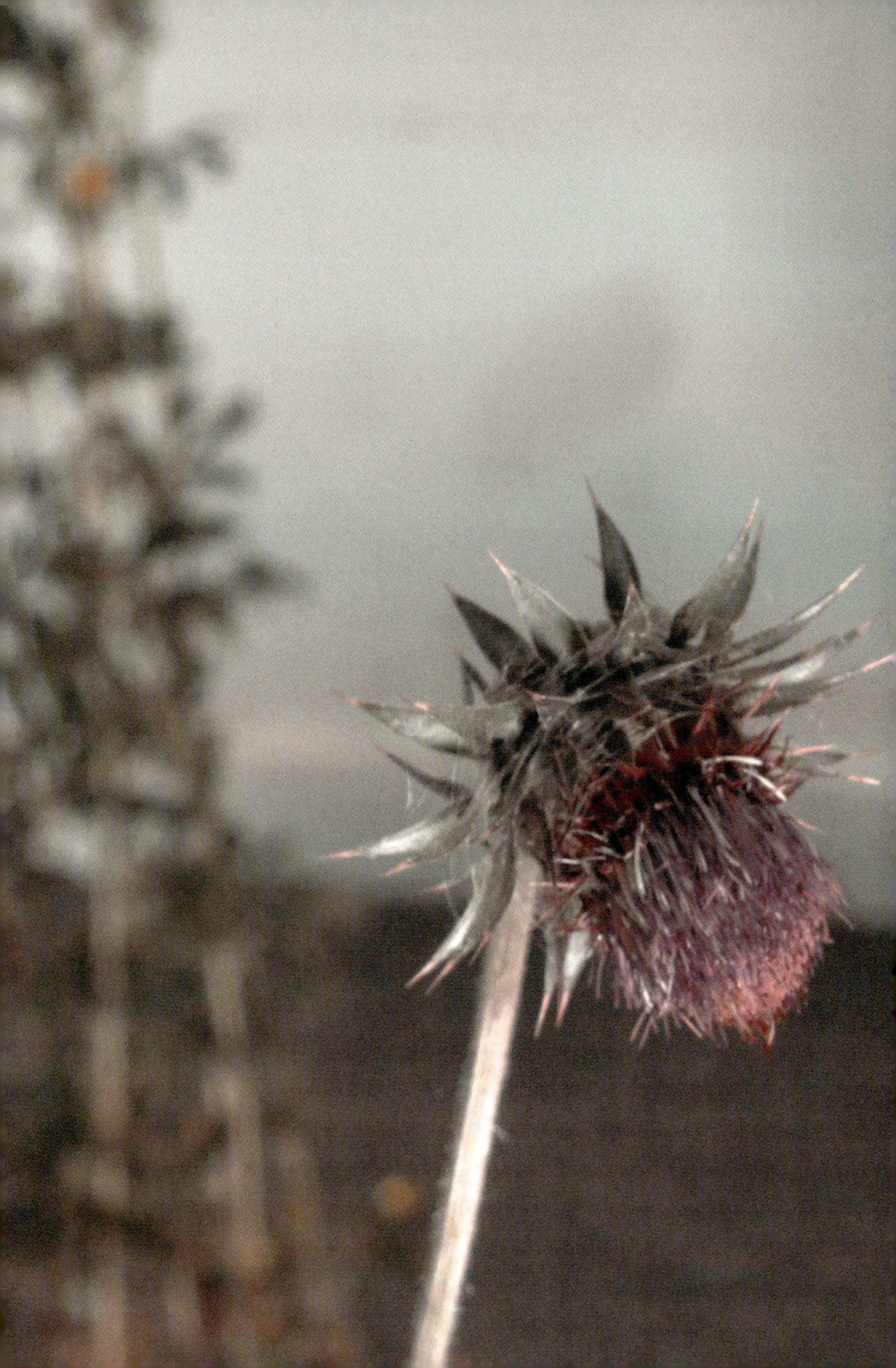

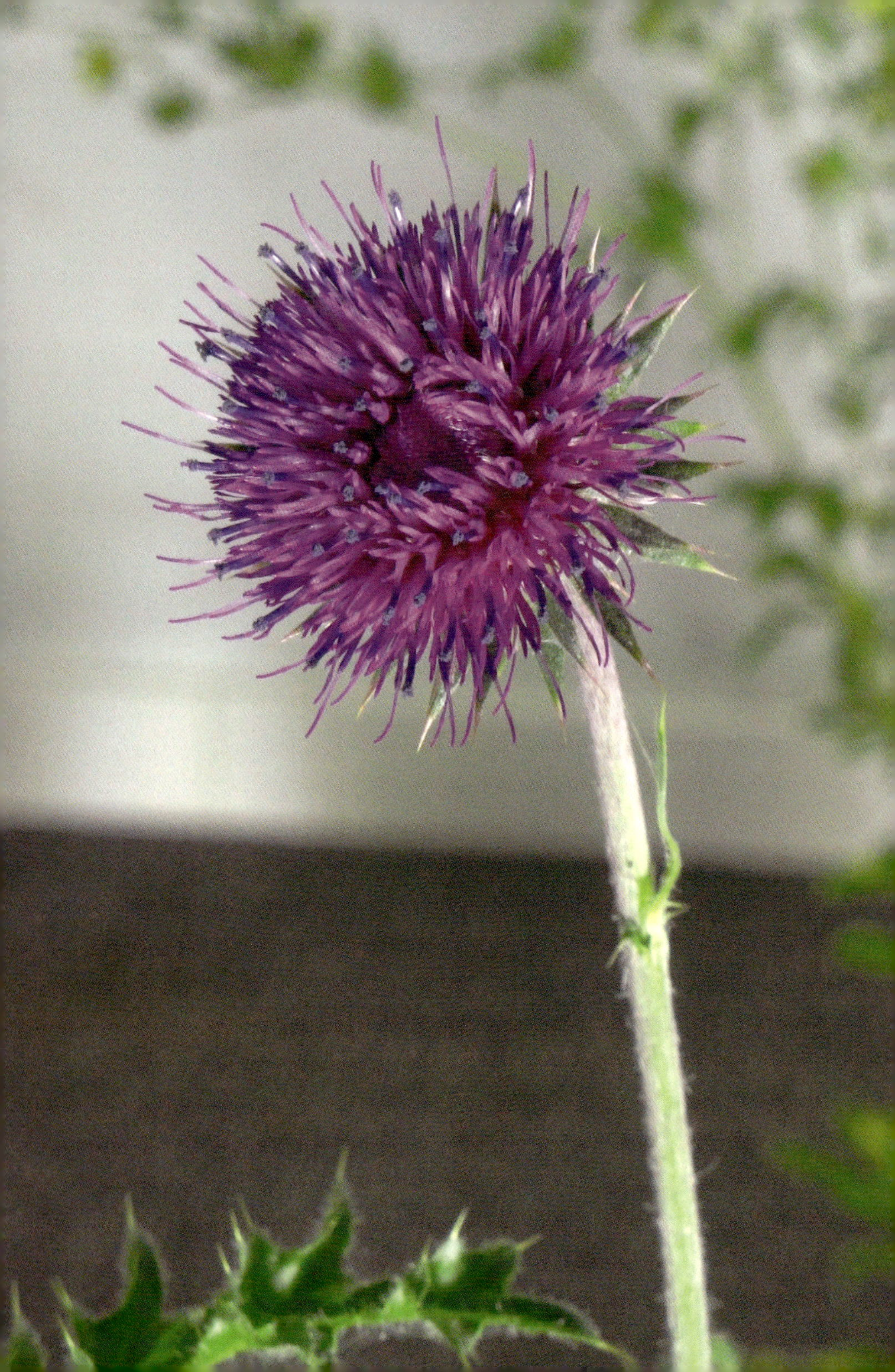

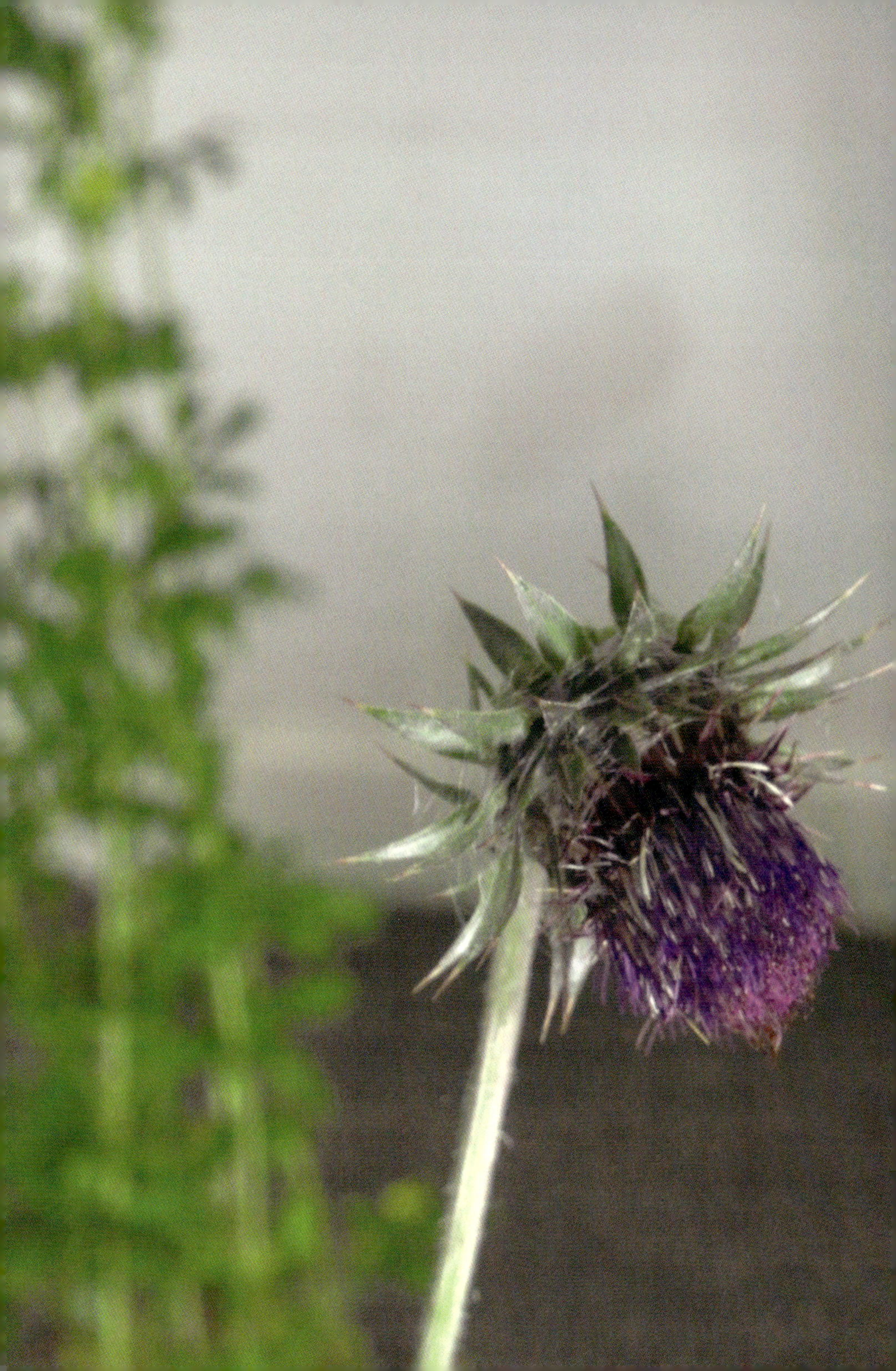

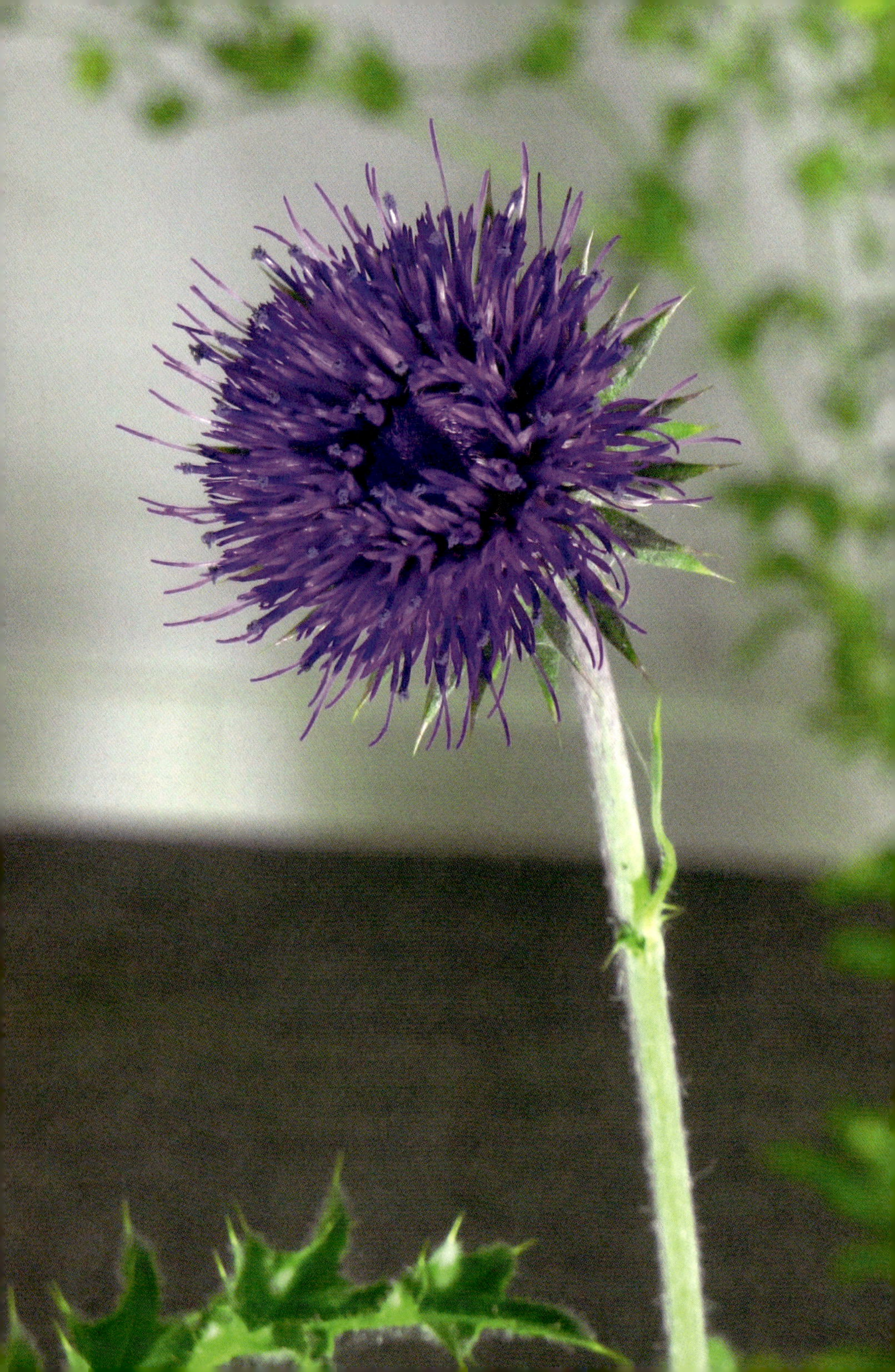

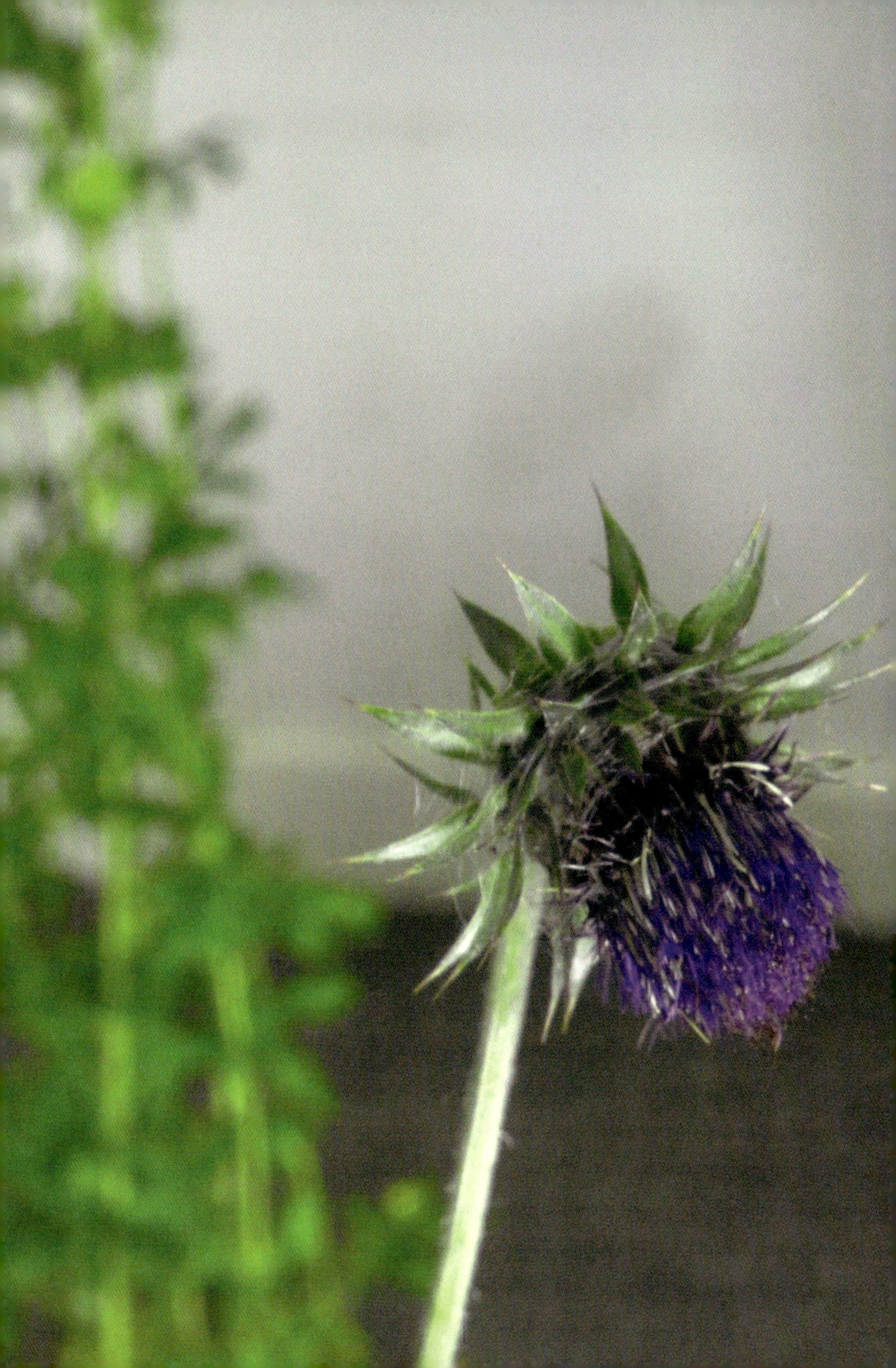

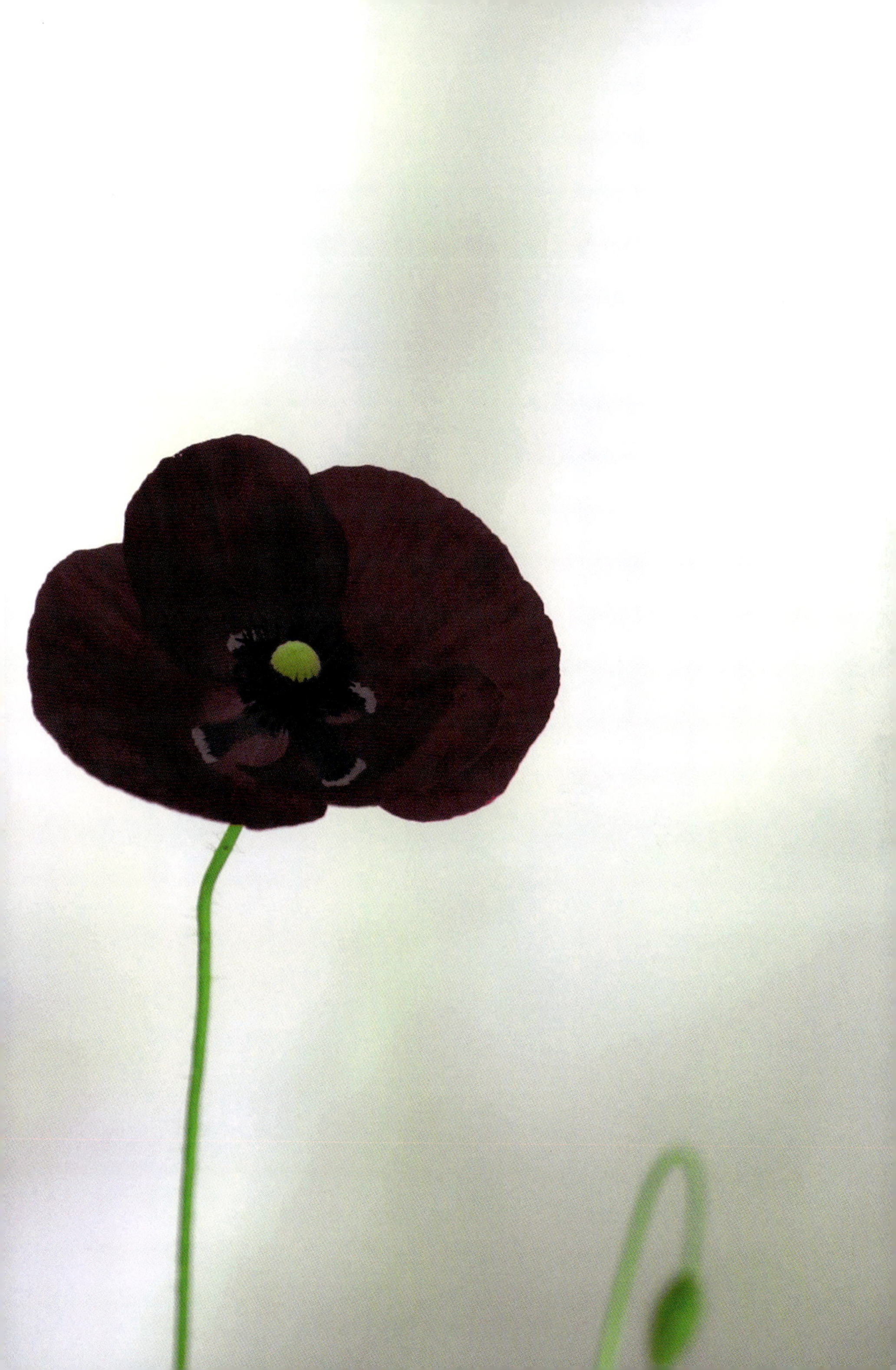

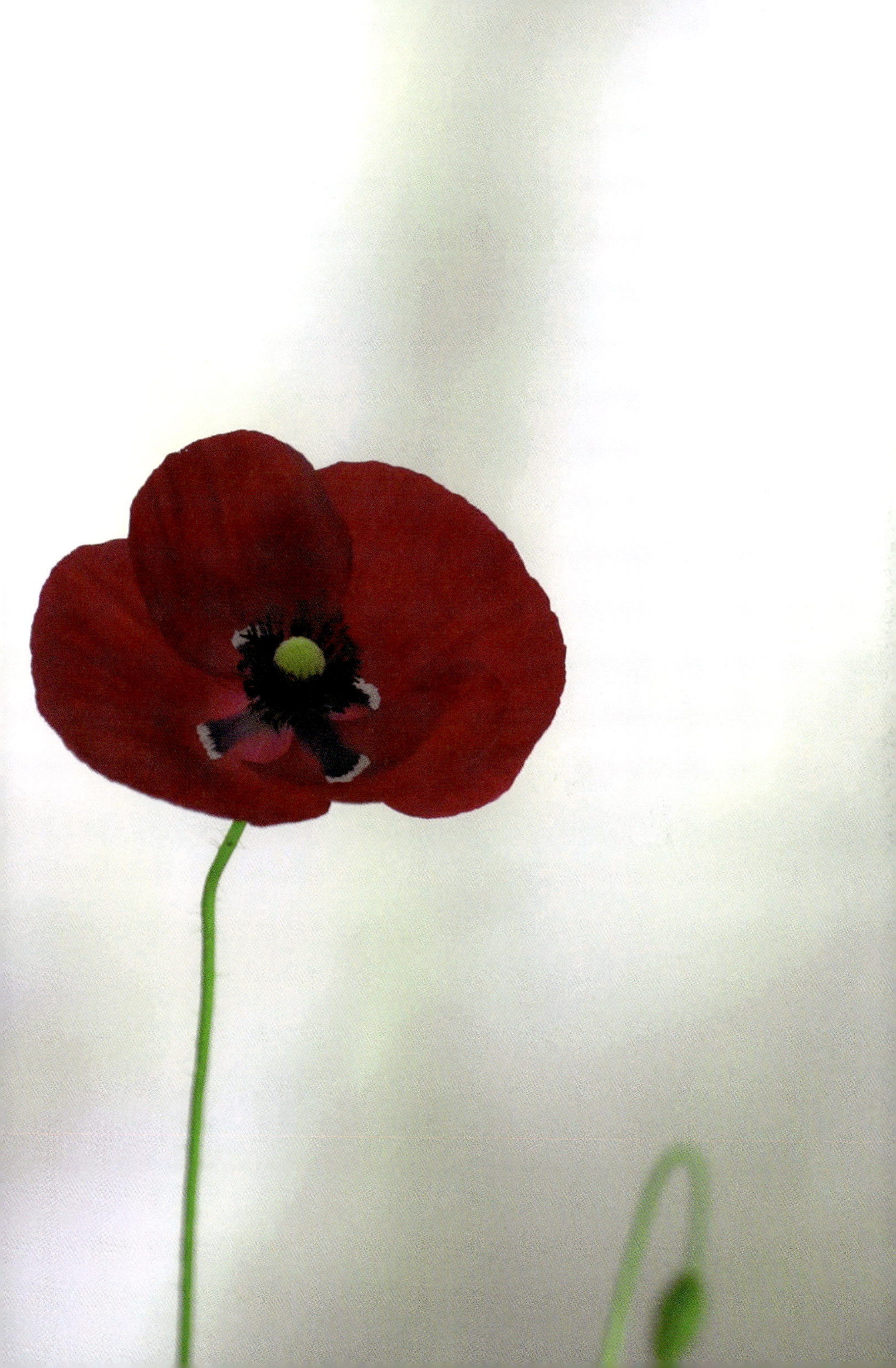

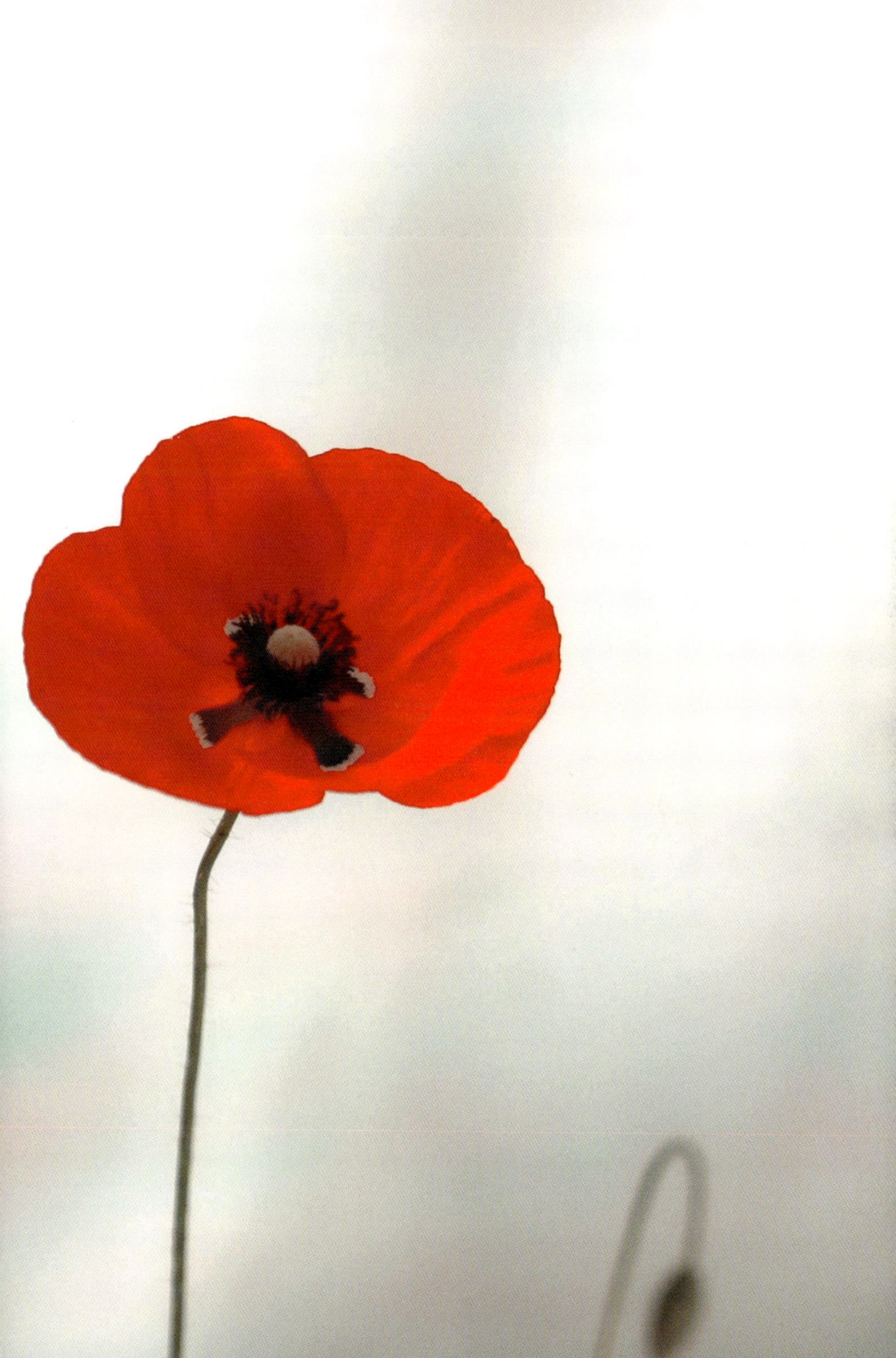

Mondes parallèles ['Parallel Worlds']

Lumière blanche programmée, plantes à fleurs /
Programmed white light, flower plants.

2022

Agrostemma githago
Anthyllis vulneraria
Calendula arvensis
*Carduus nutans**
Centaurea scabiosa
Dianthus carthusianorum
Glebionis segetum
Onobrychis viciifolia
*Papaver rhoeas**
Onobrychis viciifolia
Campanula rapunculoides
*Campanula trachelium**
*Centaurea cyanus**
Dianthus carthusianorum
Dianthus deltoides
Salvia pratensis

* représentées dans ce livre / represented in this book

Souvenir d'une installation / Souvenir of an Installation

LMNO Bois de Fa

Les 11 et 12 juin 2022 / On 11 and 12 June 2022

Composition spectrale de quatre lumières ayant la même blancheur / Spectral composition of four lights with the same whiteness

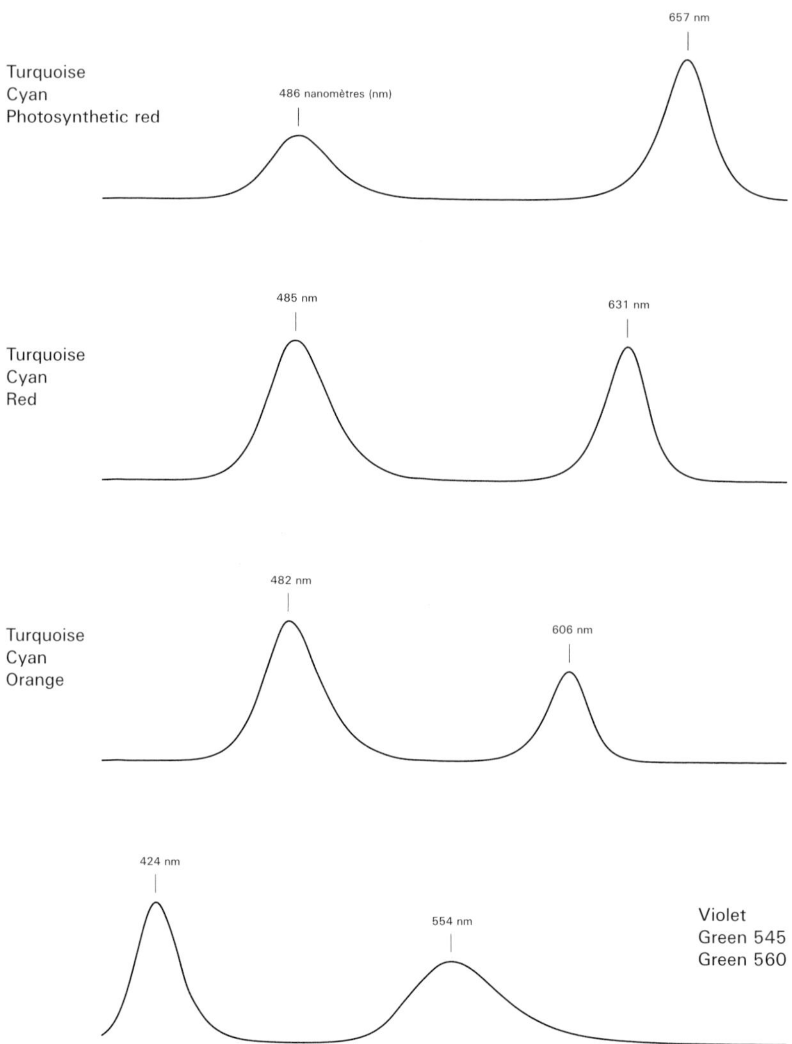

L'artiste / The artist

Adrien Lucca (Paris, FR, °1983) vit et travaille à Bruxelles. Depuis 2009, Adrien Lucca développe un travail pluridisciplinaire autour de la couleur et de la lumière qui interroge notre perception du monde physique. À la recherche de moyens d'action pour mettre en place des expériences esthétiques, il a développé un laboratoire où il conçoit ses œuvres de manière autonome, à l'intersection de l'art et de la science. / Adrien Lucca (Paris, FR, °1983) lives and works in Brussels. Since 2009, Adrien Lucca has produced a multidisciplinary body of work based around colour and light that questions our perception of the physical world. In quest of ways to create aesthetic experiences, he has set up a laboratory in which he creates his works in an autonomous way, at the intersection of art and science.

Remerciements / Acknowledgments

Adrien Lucca tient à remercier / Adrien Lucca would like to thank
Pascal Colomb (ECOSEM), Natacha Mottart (LMNO),
Floral Reflectance Database (www.reflectance.co.uk).

Cet ouvrage fait partie de la collection *non-couché*, coéditée par CFC-Éditions et l'ISELP. / This book is part of the collection *Non-Couché*, published by CFC-Éditions and ISELP.

non-couché fait partie de *l'impatient* de CFC-Éditions, avec le soutien de la Commission communautaire française. / *Non-Couché* is part of *L'Impatient* of CFC-Éditions, published with the support of the Commission Communautaire Française, Brussels.

L'ISELP bénéficie du soutien de la Fédération Wallonie-Bruxelles, de la Commission communautaire française et d'Actiris. / ISELP is supported by the Fédération Wallonie-Bruxelles, the Commission Communautaire Française and Actiris.

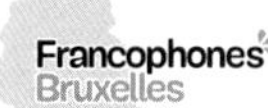

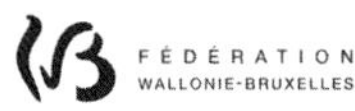

Direction & coordination / Direction & Follow Up
Christine De Naeyer (CFC-Éditions)
Adrien Grimmeau (ISELP)

Conception graphique de la collection *non-couché* / Design for the *Non-Couché* ['Uncoated'] collection
Collin Hotermans

Mise en page / Graphic Design
Adrien Lucca & Collin Hotermans

Traduction / Translation
David & Jonathan Michaelson [EN]

Relecture / Proofreading
Thomas Keukens

Impression / Printing
Graphius

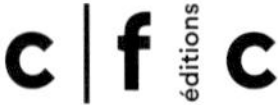

Place des Martyrs, 14
1000 Bruxelles / Brussels
Belgique / Belgium
www.maisoncfc.be

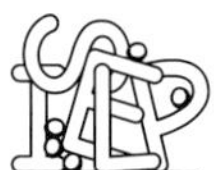

Boulevard de Waterloo, 31
1000 Bruxelles / Brussels
Belgique / Belgium
www.iselp.be

ISBN 978-2-87572-091-7
Dépôt légal / Legal deposit D/2023/5165/8